# Les Maîtres de la Communication

-

*La communication interpersonnelle*

Kossi Ntiafalali Aziagba

Copyright © 2024 Kossi Ntiafalali Aziagba

Tous droits réservés.

ISBN : 9798321369920

# DÉDICACE

- À tous ceux qui cherchent à améliorer leurs interactions avec les autres.
- Pour une communication plus efficace et épanouissante.
- En route vers une vie plus riche et plus connectée.

*Dans cet ouvrage, vous découvrirez les secrets des plus grands communicateurs de notre temps. Des techniques éprouvées, des conseils pratiques et des stratégies efficaces vous aideront à maîtriser chaque aspect de la communication, que ce soit dans votre vie professionnelle ou personnelle.*

*Ce que vous apprendrez :*

*Les principes fondamentaux de la communication interpersonnelle*

*Comment développer une écoute active et empathique*

*Les techniques pour influencer et persuader avec conviction*

*La gestion des conflits et la résolution des problèmes de manière constructive*

*L'art de la communication non verbale et du langage corporel*

*Comment développer des relations solides et durables* **A lire**

# À decouvrir...

| | |
|---|---|
| Remerciements | ii |
| Chap.1 Communiquons | 4 |
| Les bases de la communication interpersonnelle | Pg n° 9 |
| Les types de communication | Pg n° 25 |
| La communication verbale | Pg n° 36 |
| La communication non verbale | Pg n° 53 |
| L'écoute active | Pg n° 72 |
| La gestion des conflits | Pg n° 85 |
| Styles de gestion des conflits | Pg n° 92 |
| Création et maintien de relations saines | Pg n° 99 |
| Chap. 2 Les failles d'une communication interpersonnelle | Pg n° 106 |
| Section A. - Les différentes failles qui peuvent affecter la communication interpersonnelle et les obstacles qui peuvent entraver une communication efficace. | Pg n° 107 |
| Section B. - Principales victimes des failles de communication interpersonnelle et gestion du stress post-erreur | Pg n° 137 |
| Section C - La communication interpersonnelle en milieu de travail | Pg n° 143 |
| Section D - Approches théoriques en communication interpersonnelle appliquées au monde professionnel | Pg n° 148 |
| Les machinistes | Pg n° 158 |
| Les secrets des plus grands communicateurs de notre temps et les techniques éprouvées : Conseils pratiques | Pg n° 202 |
| Les rouages de la communication dans la lutte pour un monde plus juste et égalitaire | Pg n° 207 |
| Note de l'Auteur | Pg n° 212 |

*La communication interpersonnelle*

# REMERCIEMENTS

Ce livre n'aurait jamais pu voir le jour sans le soutien et la contribution de nombreuses personnes.

Je tiens tout d'abord à remercier ma famille et mes amis pour leur amour, leur encouragement et leur patience.

Je suis également reconnaissant envers mes mentors et mes professeurs qui m'ont transmis leur savoir et leur passion pour la communication.

Je remercie également les nombreux contributeurs qui ont partagé leurs témoignages et leurs expériences, enrichissant ainsi le contenu de ce livre.

Je suis reconnaissant envers mon éditeur pour son expertise et son dévouement.

Enfin, je remercie tous les lecteurs qui ont choisi de se lancer dans ce voyage avec moi. J'espère que ce livre vous inspirera et vous guidera sur la voie d'une communication plus efficace et épanouissante.

# Chap.1 Communiquons

La communication interpersonnelle est un processus essentiel dans la vie quotidienne. Elle nous permet d'établir et d'entretenir des relations avec les autres, de partager nos pensées et nos sentiments, et de résoudre des problèmes. Avec les outils et les connaissances nécessaires, vous pouvez améliorer vos compétences en communication interpersonnelle.

J'ai choisi d'écrire ce livre plutôt que de le dispenser dans une salle de classe remplie d'élèves qui préfèrent fouiller leur téléphone pendant que je m'efforce d'expliquer l'essence de la communication. Car croyez-moi, je suis convaincu que de nos jours, la vraie communication repose d'abord sur le stratagème choisi.

## Fixons ensemble les Objectifs

À la fin de cette communication, vous serez en mesure de :

- Identifier les différents éléments de la communication interpersonnelle

- Comprendre les différents types de communication

- Développer une communication verbale et non verbale efficace
- Écouter activement les autres
- Gérer les conflits de manière constructive
- Créer et maintenir des relations saines

**Contenu proposé**

Le livre sera divisé en plusieurs modules, qui couvriront les sujets suivants :

- **Les bases de la communication interpersonnelle** : Ce module examinera les différents éléments de la communication interpersonnelle, tels que le message, l'émetteur, le récepteur, le canal et le contexte.

- **Les types de communication** : Ce module explorera les différents types de communication, tels que la communication verbale, non verbale et interpersonnelle.

- **La communication verbale** : Ce module se concentrera sur les techniques pour améliorer votre communication verbale, telles que la clarté, la précision et la concision.

- **La communication non verbale** : Ce module examinera l'importance de la communication non verbale et vous apprendra à décoder et à utiliser les signaux non verbaux.

- **L'écoute active** : Ce module vous apprendra les techniques d'écoute active, telles que la centration, l'empathie et la reformulation.

- **La gestion des conflits** : Ce module vous fournira les outils nécessaires pour gérer les conflits de manière constructive.

- **Les relations saines** : Ce module explorera les caractéristiques des relations saines et vous fournira des conseils pour créer et maintenir des relations saines.

# Les bases de la communication interpersonnelle

La communication interpersonnelle est l'essence même de notre interaction humaine. C'est le flux vital qui traverse chaque relation, chaque échange et chaque connexion que nous établissons avec autrui. De la simple conversation de tous les jours aux échanges les plus profonds et significatifs, la communication interpersonnelle est le fil conducteur qui tisse le tissu social de notre existence. À sa base, la communication interpersonnelle est bien plus qu'un simple échange de mots.

C'est un processus complexe et dynamique qui implique la transmission et la réception de messages verbaux et non verbaux. C'est la manière dont nous exprimons nos pensées, nos émotions et nos besoins, tout en écoutant et en comprenant ceux des autres.

C'est aussi la manière dont nous établissons des liens, développons des relations et construisons des ponts entre nos mondes intérieurs.

Cette forme de communication va bien au-delà des mots que nous prononçons. Les expressions faciales, le langage corporel, le ton de voix et même le silence communiquent des significations profondes et parfois complexes.

Chaque nuance, chaque inflexion, chaque geste contribue à façonner la nature de nos interactions et à influencer la qualité de nos relations.

**La communication interpersonnelle n'est pas seulement une compétence que nous utilisons dans nos interactions quotidiennes ; c'est un art que nous pouvons cultiver et perfectionner tout au long de notre vie.**

En comprenant les principes fondamentaux de la communication, en développant notre capacité à écouter activement et à exprimer nos pensées de manière claire et respectueuse, nous pouvons améliorer nos relations et enrichir nos vies.

Au cœur de la communication interpersonnelle réside également la capacité à être authentique et empathique.

C'est la capacité à se connecter véritablement avec les autres, à reconnaître et à respecter leurs expériences et leurs perspectives uniques.

C'est en embrassant cette authenticité et cette empathie que nous pouvons construire des relations profondes et significatives, basées sur la confiance, le respect et la compréhension mutuelle.

**Note :**

> La communication interpersonnelle est un échange d'informations, de sentiments et d'idées entre deux ou plusieurs personnes. Elle peut être verbale, non verbale ou écrite.

Les éléments de la communication interpersonnelle

- Le message : C'est l'information que l'émetteur souhaite transmettre au récepteur.

- L'émetteur : C'est la personne qui envoie le message.

- Le récepteur : C'est la personne qui reçoit le message.

- Le canal : C'est le moyen par lequel le message est transmis (par exemple, la parole, l'écriture, le langage corporel).

- Le contexte : C'est la situation dans laquelle la communication a lieu.

**Les modèles de communication interpersonnelle**

Il existe plusieurs modèles de communication interpersonnelle.

- **Le modèle linéaire** : Ce modèle est le plus simple. Il considère la communication comme un processus unidirectionnel, de l'émetteur au récepteur.

- **Le modèle transactionnel** : Ce modèle considère la communication comme un processus interactif, où l'émetteur et le récepteur encodent et décodent mutuellement les messages.

- **Le modèle interactionnel** : Ce modèle met l'accent sur le contexte et les interactions sociales dans la communication.

La communication interpersonnelle a plusieurs fonctions, notamment :

- Informer : Transmettre des informations à une autre personne.

- Persuader : Influencer une autre personne à adopter un point de vue ou une action.

- Exprimer : Partager ses pensées et ses sentiments avec une autre personne.

- Socialiser : Créer et maintenir des relations avec les autres.

## Les défis de la communication interpersonnelle

La communication interpersonnelle peut être un processus complexe et difficile.

- Les barrières à la communication : Il existe de nombreuses barrières à la communication, telles que le bruit, les différences culturelles, les préjugés et les malentendus.

- La communication inefficace : La communication peut être inefficace si elle n'est pas claire, précise et concise.

- Les conflits : Les conflits peuvent survenir lorsque les gens ont des opinions ou des objectifs différents.

## Activités

- Réfléchissez à vos propres expériences de communication interpersonnelle. Quelles sont vos forces et vos faiblesses en tant que communicateur ?

- Discutez avec un ami ou un membre de votre famille des différents modèles de communication interpersonnelle. Quel modèle vous semble le plus utile ?

- Identifiez les barrières à la communication dans votre vie personnelle ou professionnelle. Comment pouvez-vous surmonter ces barrières ?

## Plongeons-y ensemble

Plongeons dans les eaux tumultueuses de la communication interpersonnelle. Permettez-moi de vous présenter l'auteur d'un récit qui m'a touché profondément: Anne Dupont. Anne est une navigatrice aguerrie de la communication interpersonnelle, ayant parcouru des mers houleuses et des horizons infinis dans sa quête pour comprendre et maîtriser cet art complexe de la communication humaine.

C'était un après-midi ensoleillé, et je me trouvais parmi une foule de professionnels venus de divers horizons, tous réunis pour explorer les nuances de la communication humaine.

C'est là, au détour d'un échange de regards et de sourires, que j'ai fait la connaissance d'Anne Dupont.

Anne se démarquait par sa présence chaleureuse et son regard vif, témoignant d'une profonde compréhension des dynamiques interpersonnelles. Au fil de notre conversation, j'ai été captivé par son récit personnel sur son parcours dans le monde de la communication.

C'est ainsi que j'ai eu le privilège de recueillir le témoignage d'Anne, une navigatrice aguerrie de la communication interpersonnelle.

Dans les moments qui ont suivi notre rencontre, Anne a partagé avec moi les hauts et les bas de son voyage à travers les eaux tumultueuses de la communication humaine.

Son récit captivant, teinté d'expériences personnelles et professionnelles, m'a profondément inspiré. J'ai été touché par sa sincérité et sa passion pour comprendre et maîtriser cet art complexe de la communication humaine.

Ainsi, c'est avec gratitude et émerveillement que je vous présente le témoignage d'Anne Dupont. Puissent ses mots résonner en vous et vous guider dans votre propre exploration de ce monde fascinant de la connexion humaine.

Diplômée en psychologie sociale et passionnée par les relations humaines, Anne a consacré sa carrière à explorer les subtilités de la communication interpersonnelle.

En tant que consultante en communication et coach professionnel, elle a aidé de nombreuses personnes à améliorer leurs compétences relationnelles et à naviguer avec succès dans les eaux changeantes des interactions humaines.

Avec son expérience riche et variée dans des contextes professionnels et personnels, Anne apporte une perspective unique à notre exploration de la communication interpersonnelle.

Son récit nous offre un aperçu vivant des défis et des triomphes rencontrés sur le chemin de la compréhension et de la connexion avec les autres.

Maintenant que nous avons fait connaissance avec notre guide expert, embarquons avec elle dans son voyage fascinant à travers les différentes dimensions de la communication interpersonnelle à travers les vagues de cette forme d'interaction humaine.

## Anne Dupont : Témoignage d'une Havre

*Dans le tumulte de la vie quotidienne, la communication interpersonnelle est un navire sur lequel nous naviguons constamment, traversant les mers tumultueuses des interactions humaines. Mon voyage à travers ces eaux agitées a été marqué par des hauts et des bas, des moments de clarté cristalline et des tempêtes émotionnelles. Voici mon récit.*

*Il y a quelques années, je me suis retrouvée dans une situation professionnelle où la communication était cruciale. En tant que responsable d'équipe, je devais transmettre des instructions claires et inspirer la confiance chez mes collaborateurs. Cependant, j'ai rapidement réalisé que la simple transmission d'informations ne suffisait pas à maintenir le cap de notre navire vers nos objectifs communs.*

*Mes premières tentatives de communication étaient comme des cris dans le vent, perdus dans le tumulte des tâches et des priorités concurrentes. Mes messages, bien qu'expédiés avec bonne intention, semblaient souvent s'égarer en cours de route, submergés par le bruit de fond de la vie professionnelle trépidante.*

*C'est alors que j'ai réalisé que la communication interpersonnelle va bien au-delà des simples mots que nous prononçons. C'est une danse délicate entre l'émetteur et le récepteur, une symphonie de gestes, de regards et de tonalités qui donnent vie à nos interactions. J'ai appris que pour être un capitaine efficace de notre navire de communication, je devais comprendre les subtilités de chaque vague et apprendre à naviguer avec habileté dans les eaux changeantes des relations humaines.*

*En embrassant les principes fondamentaux de la communication interpersonnelle, j'ai commencé à voir des changements tangibles dans notre équipe. En écoutant activement les préoccupations et les idées de chacun, j'ai créé un environnement où la confiance et la collaboration pouvaient fleurir. En exprimant mes pensées et mes émotions de manière claire et respectueuse, j'ai construit des ponts solides entre les membres de l'équipe, renforçant ainsi notre résilience face aux défis à venir.*

*Mais comme tout marin le sait, même les eaux les plus calmes peuvent cacher des rochers tranchants. Malgré mes meilleures intentions, j'ai rencontré des obstacles sur notre chemin : des malentendus, des conflits et des barrières culturelles qui menaçaient de faire chavirer notre navire. Cependant, au lieu de reculer devant ces défis, j'ai choisi de les affronter avec courage et résolution.*

*En cultivant l'empathie et en adoptant une approche collaborative, j'ai appris à transformer les conflits en opportunités de croissance et de compréhension mutuelle. J'ai découvert que même dans les moments les plus difficiles, la communication interpersonnelle peut être un phare de lumière, nous guidant à travers les ténèbres vers des rivages plus calmes et plus harmonieux.*

*Aujourd'hui, en regardant en arrière sur mon voyage à travers les eaux tumultueuses de la communication interpersonnelle, je réalise que c'est une aventure sans fin, une quête perpétuelle pour comprendre et se connecter avec les autres. C'est un voyage parsemé de défis et de découvertes, mais aussi de joies et de triomphes partagés. Et tandis que je continue à naviguer sur ces mers changeantes, je sais que c'est grâce à la communication interpersonnelle que je trouve ma boussole, guidant mon navire vers des horizons toujours plus vastes et plus prometteurs.*

Ce récit, vécu et partagé par Anne Dupont, offre un aper des défis et des triomphes rencontrés dans le cadre de la communication interpersonnelle.

 # Les types de communication

Dans le module précédent, nous avons exploré les bases de la communication interpersonnelle et ses éléments clés. Maintenant, nous allons nous concentrer sur les différents types de communication que nous utilisons tous les jours.

## 1. Communication verbale

La communication verbale est l'utilisation de mots pour transmettre un message.

C'est la forme de communication la plus courante et elle peut être utilisée dans des situations formelles et informelles.

- **Les éléments clés de la communication verbale efficace :**
    - **Clarté** : Le message doit être clair et facile à comprendre.
    - **Précision** : Le message doit être précis et exact.
    - **Concision** : Le message doit être concis et aller droit au but.
    - Articulation : Les mots doivent être prononcés clairement et distinctement.
    - Volume : Le volume de la voix doit être adapté à la situation.

- Intonation : L'intonation de la voix peut affecter le sens du message.

## 2. Communication non verbale

La communication non verbale est la communication qui se fait sans mots. Elle comprend le langage corporel, les expressions faciales, le ton de la voix, le contact visuel et la distance physique. La communication non verbale peut être aussi importante, voire plus importante, que la communication verbale.

- Types de communication non verbale :

  - Langage corporel : La posture, les gestes et les expressions faciales peuvent toutes transmettre des messages.

  - Expressions faciales : Les expressions faciales peuvent révéler nos émotions.

- Ton de la voix : Le ton de la voix peut affecter le sens du message.

- Contact visuel : Le contact visuel peut indiquer l'intérêt et l'engagement.

- Distance physique : La distance physique entre les communicateurs peut refléter leur niveau de confort et de familiarité.

## 3. Communication interpersonnelle

La communication interpersonnelle est la communication entre deux ou plusieurs personnes.

Elle peut être verbale, non verbale ou écrite.

C'est le type de communication que nous explorons dans ce cours et qui est essentiel pour établir et maintenir des relations saines.

## 4. Communication de masse

La communication de masse est la communication qui se fait d'un émetteur à un large public. Elle comprend les médias tels que la télévision, la radio, les journaux et Internet.

La communication de masse peut avoir un impact important sur nos attitudes et nos comportements.

## 5. Communication interculturelle

La communication interculturelle est la communication entre des personnes de cultures différentes.

Elle peut être plus difficile que la communication intraculturelle (communication entre personnes de la même culture) en raison des différences de langue, de valeurs et de croyances.

# EXEMPLES PRATIQUES

## 1. Communication verbale :

**Clarté** : Lors d'une réunion d'équipe, le manager explique clairement les objectifs du projet et les étapes à suivre pour les atteindre.

**Précision** : Un enseignant donne des instructions précises aux élèves pour réaliser un exercice en classe.

**Concision** : Un employé présente un résumé succinct de son rapport lors d'une réunion afin de captiver l'attention de ses collègues.

**Articulation** : Un orateur prononce clairement chaque mot lors d'une conférence pour que son discours soit compréhensible par tous les participants.

**Volume** : Un animateur ajuste son volume de voix lors d'une présentation pour s'adapter à la taille de la salle et assurer que tout le monde puisse l'entendre.

**Intonation** : Un vendeur utilise une intonation positive pour mettre en valeur les avantages d'un produit lors d'une démonstration.

## 2. Communication non verbale :

**Langage corporel** : Une personne croise les bras et fronce les sourcils lorsqu'elle est contrariée.

**Expressions faciales** : Un sourire chaleureux exprime la gratitude lorsque quelqu'un reçoit un cadeau.

**Tonalité de la voix** : Un parent utilise un ton apaisant pour rassurer son enfant anxieux.

**Contact visuel** : Un conférencier maintient un contact visuel avec son public pour renforcer la connexion pendant son discours.

**Distance physique** : Deux amis se tiennent proches l'un de l'autre lors d'une conversation intime, reflétant ainsi leur relation de proximité.

### 3. Communication interpersonnelle :

Deux collègues discutent des progrès d'un projet lors d'une réunion. Un couple communique ses sentiments et ses préoccupations lors d'une conversation à cœur ouvert. Des amis échangent des idées et des opinions lors d'un débat animé.

### 4. Communication de masse :

Une publicité télévisée promeut un nouveau produit auprès d'un large public.

Un article de journal informe la population sur les événements récents et les actualités.

Un bulletin d'information radio diffuse des informations importantes à une audience étendue.

## 5. Communication interculturelle :

Des membres d'une équipe internationale travaillent ensemble sur un projet, tenant compte des différences culturelles dans leurs interactions.

Un voyageur s'adapte aux coutumes locales et communique avec les habitants dans un pays étranger.

Des négociateurs de différentes cultures cherchent des compromis et des solutions mutuellement acceptables lors de pourparlers commerciaux.

## Note :

Les différents types de communication jouent tous un rôle important dans notre vie quotidienne. En comprenant comment utiliser efficacement chaque type de communication, nous pouvons améliorer nos relations et notre réussite dans tous les aspects de notre vie.

# Les Maîtres de la Communication

---

## Activités

- Pensez à un moment où la communication non verbale était aussi importante, voire plus importante, que la communication verbale. Décrivez la situation et expliquez comment la communication non verbale a été utilisée.

- Observez la communication non verbale des gens autour de vous. Que pouvez-vous apprendre de leur langage corporel, de leurs expressions faciales et de leur ton de la voix ?

- Discutez avec un ami ou un membre de votre famille des défis de la communication interculturelle. Comment pouvez-vous surmonter ces défis ?

#  La communication verbale

La communication verbale, comme on l'a vu précédemment, est l'utilisation des mots pour transmettre un message. C'est un outil puissant qui nous permet de partager nos pensées, nos sentiments et nos idées avec les autres. Dans ce module, nous allons explorer des techniques pour améliorer votre communication verbale et vous assurer que votre message est clair, concis et convaincant.

## 1. Clarté et précision

- Utilisez un langage clair et simple : Évitez le jargon et les termes techniques que votre public ne comprendrait peut-être pas.

- Structurez vos pensées : Organisez vos pensées de manière logique et cohérente.

- Utilisez des exemples et des illustrations : Les exemples et les illustrations peuvent aider à clarifier des points complexes.

- Définissez vos termes : Si vous utilisez des termes techniques, assurez-vous de les définir clairement.

*Imaginons que vous êtes responsable de former de nouveaux employés dans une entreprise de technologie. Voici comment vous pourriez appliquer les principes de clarté et de précision lors de votre présentation :*

- Utilisez un langage clair et simple :

Plutôt que de dire "protocole TCP/IP", vous pourriez expliquer : "Le protocole TCP/IP est un ensemble de règles utilisées pour permettre aux ordinateurs de communiquer sur un réseau."

- Structurez vos pensées :

Organisez votre présentation de manière logique, en commençant par les concepts fondamentaux et en progressant vers des sujets plus complexes. Par exemple, vous pourriez commencer par expliquer les bases de la connectivité réseau avant d'aborder des concepts plus avancés comme les protocoles de communication.

- Utilisez des exemples et des illustrations :

Pour clarifier un point complexe, vous pourriez utiliser des exemples concrets. Par exemple, pour expliquer le fonctionnement des adresses

IP, vous pourriez comparer cela à l'adressage postal, où chaque ordinateur sur un réseau a une adresse unique similaire à une adresse postale.

- Définissez vos termes :

Si vous utilisez des termes techniques, assurez-vous de les définir clairement. Par exemple, avant d'expliquer le terme "pare-feu", vous pourriez dire : "Un pare-feu est un dispositif de sécurité qui contrôle le trafic entrant et sortant d'un réseau et qui peut bloquer ou autoriser certains types de données en fonction de règles prédéfinies."

*En appliquant ces principes de clarté et de précision, vous vous assurez que votre présentation est accessible et compréhensible pour votre public, ce qui favorise une meilleure assimilation des informations présentées.*

## 2. Concision

- Allez droit au but : Évitez de tourner autour du pot.

- Supprimez les informations superflues : Concentrez-vous sur les informations les plus importantes.

- Utilisez des phrases courtes et des mots simples : Les phrases courtes et les mots simples sont plus faciles à comprendre.

*Supposons que vous êtes responsable des ressources humaines dans une entreprise et que vous devez rédiger un e-mail pour annoncer une réunion du personnel. Voici comment vous pourriez appliquer les principes de concision dans votre communication :*

- Allez droit au but :

Objet de l'e-mail : "Annonce de la réunion du personnel"

Corps de l'e-mail : "Chers collègues, Nous aurons une réunion du personnel le [date] à [heure] dans la salle de réunion principale. L'ordre du jour comprendra les mises à jour sur les projets en cours et les questions de RH importantes. Merci d'être ponctuel et de préparer toute question ou suggestion que vous souhaitez aborder lors de la réunion. Cordialement, [Votre nom]"

- Supprimez les informations superflues :

Évitez les détails non pertinents et concentrez-vous sur les informations essentielles, telles que la date, l'heure, le lieu et l'ordre du jour de la réunion.

- Utilisez des phrases courtes et des mots simples :

Privilégiez les phrases courtes et les mots simples pour rendre votre message clair et facile à comprendre pour tous les destinataires de l'e-mail.

*En rédigeant votre e-mail de cette manière, vous assurez une communication concise et efficace, permettant à vos collègues de comprendre rapidement l'objet de la réunion et les informations importantes à retenir, tout en évitant toute confusion ou superflu.*

### 3. Articulation et volume

- Prononcez clairement vos mots : Évitez de marmonner ou de parler trop vite.

- Variez votre intonation : Une intonation monotone peut être ennuyeuse.

- Parlez à un volume approprié : Votre voix doit être suffisamment forte pour être entendue par votre public, mais pas trop forte pour être gênante.

*Supposons que vous êtes un formateur chargé de donner une présentation sur les compétences en communication à un groupe d'étudiants. Voici comment vous pourriez mettre en pratique les principes d'articulation et de volume lors de votre présentation :*

- Prononcez clairement vos mots :

Veillez à articuler chaque mot distinctement et à éviter de marmonner ou de parler trop rapidement. Par exemple, lorsque vous expliquez un concept tel que "l'écoute active", prononcez chaque syllabe clairement et donnez aux étudiants le temps de digérer l'information.

- Variez votre intonation :

Pour maintenir l'intérêt de votre public, variez votre intonation pendant votre présentation. Utilisez des fluctuations naturelles de votre voix pour souligner les points importants, poser des questions rhétoriques ou ajouter de l'émotion à votre discours. Par exemple, lorsque vous partagez une anecdote sur l'importance de la communication non verbale, adaptez votre ton en fonction de l'atmosphère de l'histoire.

- Parlez à un volume approprié :

Assurez-vous que votre voix est suffisamment forte pour être entendue par tous les membres de votre public, mais évitez de parler trop fort au point de devenir gênant. Pour cela, ajustez votre volume en fonction de la taille de la salle et de la disposition des participants.

***En appliquant ces principes d'articulation et de volume lors de votre présentation,***

*vous pouvez vous assurer que votre message est transmis de manière claire et engageante à votre public, favorisant ainsi une compréhension accrue et une meilleure rétention des informations présentées.*

## 4. Techniques de communication verbale efficaces

- Reformulation : Reformuler les déclarations de l'autre personne montre que vous écoutez et que vous essayez de comprendre son point de vue.

- Questions ouvertes : Les questions ouvertes encouragent l'autre personne à développer sa réponse et à fournir plus d'informations.

- Résumé : Résumer périodiquement ce qui a été dit peut aider à garder tout le monde sur la même page.

*Imaginons que vous êtes un médiateur chargé de faciliter une réunion entre deux collègues qui ont des points de vue divergents sur un projet. Voici comment vous pourriez utiliser les techniques de communication verbale efficaces pour favoriser un dialogue constructif :*

- Reformulation :

Après avoir écouté le point de vue de l'un des collègues, vous pourriez reformuler ses déclarations pour confirmer votre compréhension et montrer que vous êtes attentif à ses préoccupations. Par exemple, vous pourriez dire : "Si je comprends bien, vous pensez que l'approche actuelle du projet manque de clarté et de direction."

- Questions ouvertes :

Pour encourager l'autre collègue à développer son point de vue, vous pourriez poser des questions ouvertes qui l'incitent à fournir plus d'informations. Par exemple, vous pourriez demander : "Quels sont les aspects spécifiques du projet qui, selon vous, pourraient bénéficier d'une approche différente ?"

- A propos du « Résumé » :

Périodiquement, résumez ce qui a été dit lors de la réunion pour vous assurer que tout le monde est sur la même longueur d'onde et pour clarifier les points de divergence. Par exemple, vous pourriez dire : "D'après ce que j'ai compris jusqu'à présent, nous convenons que le budget du projet est un problème, mais nous divergeons sur la meilleure façon de le résoudre."

*En utilisant ces techniques de communication verbale efficaces, vous pouvez encourager un dialogue ouvert et constructif entre les collègues, favorisant ainsi la résolution collaborative des différends et le renforcement de l'harmonie au sein de l'équipe.*

## 5. Adaptez votre communication à votre public

- Tenez compte du niveau de connaissance de votre public : Utilisez un langage adapté à leur compréhension.

- Tenez compte des intérêts de votre public : Concentrez-vous sur les informations qui les intéressent le plus.

- Tenez compte de la culture de votre public : Soyez sensible aux différences culturelles qui pourraient affecter la communication.

*Imaginons que vous êtes un conférencier invité à donner une présentation sur les avancées en intelligence artificielle lors d'une conférence internationale sur la technologie. Voici comment vous pourriez adapter votre communication à votre public diversifié :*

- Tenez compte du niveau de connaissance de votre public :

Si votre public est composé de chercheurs en intelligence artificielle, vous pouvez utiliser un langage technique et des termes spécialisés pour expliquer les concepts avancés.

Cependant, si votre public est plus général et comprend des professionnels de divers domaines, vous devriez simplifier votre langage et expliquer les termes complexes de manière accessible à tous.

- Tenez compte des intérêts de votre public :

Avant votre présentation, renseignez-vous sur les intérêts et les préoccupations de votre public.

Si vous savez que la plupart des participants sont intéressés par l'application de l'intelligence artificielle dans le secteur de la santé, vous pouvez consacrer une partie de votre présentation à ce sujet et fournir des exemples concrets et des études de cas pertinents.

- Tenez compte de la culture de votre public :

Étant donné que la conférence est internationale, il est essentiel d'être sensible aux différences culturelles qui pourraient influencer la communication.

Évitez les références culturelles spécifiques à un pays ou à une région particulière qui pourraient ne pas être comprises par tous les participants.

Assurez-vous également de respecter les normes de politesse et de comportement propres à chaque culture représentée.

*En adaptant votre communication à votre public de manière proactive, vous pouvez vous assurer que votre message est bien reçu et compris par tous les participants, ce qui favorise une expérience de conférence positive et enrichissante pour chacun.*

## Activités

- Enregistrez-vous en train de parler pendant quelques minutes. Ensuite, écoutez l'enregistrement et identifiez les domaines que vous pouvez améliorer.

- Faites un exposé devant la classe sur un sujet qui vous passionne. Tenez compte des techniques de communication verbale efficaces présentées dans ce module.

- Jouez un jeu de rôle avec un partenaire. Simulez une conversation dans une situation professionnelle, par exemple une réunion de travail ou un entretien d'embauche.

#  La communication non verbale

La communication non verbale, comme nous l'avons vu précédemment, est la communication qui se fait sans mots.

Elle comprend le langage corporel, les expressions faciales, le ton de la voix, le contact visuel et la distance physique. On estime qu'elle représente plus de la moitié du sens que nous transmettons dans nos interactions quotidiennes.

Dans ce module, nous allons explorer les différents éléments de la communication non verbale et apprendre à les utiliser efficacement pour améliorer vos interactions avec les autres.

## 1. Le langage corporel

- **Posture** : Une bonne posture (debout droit, épaules détendues) indique la confiance et l'ouverture.

  Une posture voûtée peut indiquer l'ennui, la tristesse ou la soumission.

- **Gestes** : Les gestes peuvent accentuer vos points verbaux, mais attention à ne pas gesticuler excessivement.

- **Expressions faciales** : Vos expressions faciales peuvent révéler vos émotions.

  Un sourire indique le bonheur et l'ouverture, tandis qu'un froncement de sourcils peut indiquer la colère ou la confusion.

Imaginons que le président de la République donne un discours important à la nation à la suite d'une crise nationale. Voici comment son langage corporel pourrait être interprété :

Posture du président :

Le président se tient debout avec une posture droite et des épaules détendues, transmettant ainsi confiance et détermination.

Sa position verticale et ouverte montre qu'il est prêt à faire face à la situation avec force et résolution.

En revanche, s'il adoptait une posture voûtée, cela pourrait être interprété comme un signe de faiblesse ou de résignation, ce qui affaiblirait son message.

Gestes du président :

Pendant son discours, le président utilise des gestes mesurés pour accentuer ses points verbaux et renforcer son discours.

Des gestes modérés et contrôlés ajoutent de la crédibilité à son discours, mais s'il gesticulait de manière excessive, cela pourrait être perçu comme de l'agitation ou du désarroi, ce qui pourrait distraire l'attention du public.

Expressions faciales du président :

Le visage du président reflète son état émotionnel et sa connexion avec le public.

Un sourire chaleureux aux moments appropriés transmet de l'empathie et de la compassion, renforçant ainsi le lien entre le président et les citoyens.

En revanche, des expressions faciales figées ou des signes de tension pourraient être interprétés comme de la distance ou de la froideur, ce qui affaiblirait la confiance du public dans ses paroles.

*Le langage corporel du président de la République lors d'un discours public est essentiel pour renforcer son message, établir une connexion avec le public et inspirer confiance et crédibilité. Par conséquent, une posture droite, des gestes modérés et des expressions faciales appropriées sont autant d'éléments cruciaux pour garantir l'impact positif de son discours sur la nation.*

2. Le regard (contact visuel)

- Un bon contact visuel indique l'intérêt et l'engagement. Cependant, un regard trop intense peut être perçu comme agressif ou dominant.

- Éviter le contact visuel peut indiquer l'ennui, la timidité ou la culpabilité.

*Supposons que le président de la République participe à une réunion internationale avec d'autres chefs d'État pour discuter de questions importantes telles que le commerce mondial et la sécurité internationale. Voici comment son contact visuel pourrait être interprété :*

- Un bon contact visuel indique l'intérêt et l'engagement :

Lorsque le président parle avec ses homologues étrangers, il maintient un contact visuel approprié pour montrer qu'il est attentif à leurs propos et qu'il s'engage dans la conversation. Son regard soutenu démontre son intérêt pour les sujets abordés et renforce son autorité en tant que leader.

- Cependant, un regard trop intense peut être perçu comme agressif ou dominant :

Bien que le président doive maintenir un contact visuel pour communiquer efficacement, un regard trop intense ou insistant peut être interprété comme de l'arrogance ou de la dominance, ce qui risque de créer des tensions ou des malentendus avec ses interlocuteurs. Il doit donc veiller à équilibrer son contact visuel pour éviter toute perception négative.

- Éviter le contact visuel peut indiquer l'ennui, la timidité ou la culpabilité :

Si le président évite complètement le contact visuel avec ses homologues ou détourne fréquemment le regard, cela pourrait être interprété comme un signe d'ennui, de timidité ou même de culpabilité.

Dans un contexte diplomatique, cela pourrait affaiblir sa position et compromettre sa capacité à négocier efficacement.

*Le contact visuel du président lors de réunions internationales revêt une grande importance, car il peut influencer la manière dont il est perçu par ses pairs et affecter le succès des discussions. Par conséquent, maintenir un contact visuel approprié est essentiel pour démontrer son engagement, sa confiance et son leadership sur la scène internationale.*

3. La distance physique

- La distance physique entre les communicateurs reflète leur niveau de confort et de familiarité.

- Une distance plus rapprochée est généralement acceptable entre amis et connaissances proches, tandis qu'une distance plus grande est maintenue dans les situations formelles ou avec des inconnus.

*Imaginons maintenant que notre président participe à une cérémonie officielle où il rencontre des dignitaires étrangers et des représentants diplomatiques. Voici comment son utilisation de la distance physique pourrait être interprétée :*

- La distance physique entre les communicateurs reflète leur niveau de confort et de familiarité :

Lorsque le président serre la main des dignitaires étrangers et des représentants diplomatiques, il maintient une distance physique appropriée pour refléter le respect et le protocole de la situation. Il évite tout contact trop proche qui pourrait être perçu comme intrusif ou inapproprié, tout en restant ouvert et accessible.

- Une distance plus rapprochée est généralement acceptable entre amis et connaissances proches

Lorsque le président s'entretient avec des membres de son cabinet ou des collègues politiques qu'il connaît bien, il peut se permettre une distance physique plus courte, signifiant ainsi une relation de proximité et de confiance. Cela peut se manifester par des gestes tels que des tapes amicales dans le dos ou des poignées de main chaleureuses.

- Tandis qu'une distance plus grande est maintenue dans les situations formelles ou avec des inconnus :

En revanche, lorsque le président interagit avec des personnalités étrangères ou des membres du public lors d'événements officiels, il maintient une distance physique plus grande pour respecter les normes de politesse et de protocole. Cette distance offre également un certain sentiment de sécurité et de confort à toutes les parties concernées.

*La manière dont le président de la République gère la distance physique lors de ses interactions reflète non seulement son respect pour les normes sociales et culturelles, mais aussi sa capacité à établir des relations appropriées dans différents contextes, renforçant ainsi sa stature en tant que chef d'État respecté et digne de confiance.*

4. Le toucher

Le toucher peut être un puissant moyen de communication non verbale, mais il faut l'utiliser avec prudence car il peut être mal interprété.

En général, le toucher est réservé aux situations informelles et aux personnes avec qui vous avez une relation de confiance.

*Imaginons que le président de la République participe à une visite officielle dans une région touchée par une catastrophe naturelle. Voici comment son utilisation du toucher pourrait être interprétée :*

- Le toucher peut être un puissant moyen de communication non verbale :

Lorsque le président serre la main des personnes affectées par la catastrophe naturelle, il transmet un message de soutien et de solidarité. Ce contact physique peut apporter un réconfort aux individus en détresse et renforcer le lien entre le président et le peuple.

- Il faut l'utiliser avec prudence car il peut être mal interprété :

Cependant, le président doit exercer une grande prudence lorsqu'il utilise le toucher, surtout dans des situations sensibles telles que des visites sur le terrain après une catastrophe. Un geste de réconfort bien intentionné peut être mal interprété comme de l'insensibilité ou de la manipulation s'il est perçu comme inapproprié ou non sollicité.

- En général, le toucher est réservé aux situations informelles et aux personnes avec qui vous avez une relation de confiance :

Le président doit donc utiliser le toucher de manière stratégique, en se concentrant sur les interactions informelles et les contacts avec des personnes qui se sentent à l'aise avec cette forme de communication non verbale.

Par exemple, lorsqu'il s'entretient avec des bénévoles ou des secouristes sur le terrain, un geste de gratitude tel qu'une poignée de main ou une étreinte peut renforcer les liens et encourager l'engagement.

**Note** :

> Bien que le toucher puisse être un outil puissant de communication non verbale, le président de la République doit l'utiliser avec discernement, en tenant compte du contexte et des sensibilités culturelles, afin de transmettre des messages de soutien et de compassion de manière appropriée et respectueuse.

## 5. L'apparence

- Votre apparence peut en dire long sur vous aux autres. S'habiller de manière appropriée à la situation peut montrer votre respect et votre professionnalisme.

*Imaginons une jeune professionnelle qui assiste à un entretien d'embauche pour un poste dans une entreprise de marketing. Voici comment son apparence peut influencer la perception de ses compétences et de sa personnalité :*

- Votre apparence peut en dire long sur vous aux autres :

La jeune professionnelle choisit de s'habiller de manière professionnelle et soignée pour l'entretien.

Elle opte pour un ensemble vestimentaire élégant et adapté à l'environnement de travail, ce qui témoigne de son sérieux, de son engagement et de son respect pour l'opportunité professionnelle.

- S'habiller de manière appropriée à la situation peut montrer votre respect et votre professionnalisme :

En choisissant une tenue qui correspond aux attentes du secteur du marketing, la jeune professionnelle démontre sa connaissance de l'industrie et sa capacité à s'adapter à son environnement professionnel. Son apparence soignée renforce également l'impression de professionnalisme et de crédibilité auprès de l'employeur potentiel. L'apparence joue un rôle crucial dans la façon dont nous sommes perçus par les autres, en particulier dans des situations telles qu'un entretien d'embauche.

En s'habillant de manière appropriée et professionnelle, on envoie un message positif sur notre attitude, notre engagement et notre capacité à réussir dans le milieu professionnel.

## Comment améliorer votre communication non verbale

- Soyez conscient de vos propres signaux non verbaux : Faites attention à votre posture, vos expressions faciales et votre langage corporel.

- Faites attention aux signaux non verbaux des autres : Observez le langage corporel, les expressions faciales et le ton de la voix des autres pour mieux comprendre leurs messages.

- Assurez-vous que votre communication verbale et non verbale concordent : Si vos mots disent une chose et votre langage corporel en dit une autre, les gens seront plus susceptibles de croire votre langage corporel.

La communication non verbale est une part essentielle de la communication interpersonnelle. En comprenant et en utilisant efficacement la communication non verbale, vous pouvez améliorer vos relations, votre crédibilité et votre influence sur les autres.

## Activités

- Observez les gens autour de vous dans un lieu public (café, parc, etc.). Analysez leur langage corporel, leurs expressions faciales et leur distance physique par rapport aux autres. Essayez de deviner leurs relations et leurs émotions.

- Filmez-vous en train d'avoir une conversation avec un ami ou un membre de votre famille. Regardez ensuite l'enregistrement et analysez votre langage corporel. Identifiez les domaines que vous pouvez améliorer.

- Faites un jeu de rôle avec un partenaire. Simulez une conversation dans une situation formelle, par exemple une présentation ou un entretien d'embauche. Faites attention à votre communication verbale et non verbale.

 ## L'écoute active

L'écoute active est une compétence essentielle pour une communication interpersonnelle efficace. Cela signifie écouter attentivement et intentionnellement pour comprendre le message complet de l'autre personne, à la fois verbal et non verbal. Ce n'est pas seulement entendre les mots, mais aussi essayer de comprendre le sens sous-jacent et les sentiments de l'orateur.

Pourquoi l'écoute active est-elle importante? Voici ce à quoi je pense.

L'écoute active présente de nombreux avantages, notamment :

- Améliorer les relations : Lorsque vous écoutez activement quelqu'un, vous lui montrez que vous vous souciez de ce qu'il a à dire et que vous le respectez. Cela peut conduire à des relations plus solides et plus confiantes.

- Résoudre les conflits : L'écoute active peut vous aider à comprendre les points de vue des autres et à trouver des solutions mutuellement acceptables aux conflits.

- Apprendre des autres : En écoutant activement, vous pouvez apprendre de nouvelles choses et élargir vos horizons.

- Améliorer votre communication : Lorsque vous êtes un bon auditeur, les gens sont plus susceptibles de vous écouter et de prendre en compte vos idées.

## Comment pratiquer l'écoute active

Voici quelques techniques pour pratiquer l'écoute active :

- Donnez toute votre attention à l'orateur : Évitez les distractions telles que votre téléphone ou votre ordinateur.

- Maintenez un contact visuel : Cela montre à l'orateur que vous êtes engagé dans la conversation.

- Utilisez un langage corporel ouvert : Adoptez une posture ouverte et inclinée vers l'orateur.

- Posez des questions ouvertes : Les questions ouvertes encouragent l'orateur à développer sa réponse et à fournir plus d'informations.

- Reformulez ce que vous avez entendu : Reformuler les déclarations de l'orateur montre que vous écoutez et que vous essayez de comprendre son point de vue.

- Évitez les interruptions : Laissez l'orateur terminer sa pensée avant de répondre.

- Résistez à l'envie de donner des conseils : Parfois, les gens veulent simplement être entendus, pas conseillés.

## Exemple d'application de l'écoute active - Recruteuse lors d'un entretien d'embauche :

La recruteuse, chargée de trouver le candidat idéal pour un poste dans une mairie, applique l'écoute active lors de l'entretien avec un candidat potentiel. Voici comment cela se déroule :

- Donnez toute votre attention à l'orateur

La recruteuse éteint son téléphone et met de côté tout document ou appareil pouvant causer des distractions pendant l'entretien. Elle se concentre entièrement sur le candidat et lui accorde toute son attention.

- Maintenez un contact visuel :

Pendant que le candidat parle, la recruteuse maintient un contact visuel constant. Cela montre au candidat qu'elle est pleinement engagée dans la conversation et qu'elle est intéressée par ce qu'il a à dire.

- Utilisez un langage corporel ouvert :

La recruteuse adopte une posture ouverte, les bras détendus sur les accoudoirs de sa chaise et le dos droit. Cette posture indique au candidat qu'elle est ouverte à la communication et prête à écouter ses réponses de manière impartiale.

- Posez des questions ouvertes :

Pour encourager le candidat à fournir des informations détaillées sur ses compétences et ses expériences, la recruteuse pose des questions ouvertes telles que "Pouvez-vous me parler de votre expérience dans la gestion de projets municipaux ?" Cela permet au candidat de développer ses réponses et de fournir des exemples concrets.

- Reformulez ce que vous avez entendu :

La recruteuse reformule régulièrement les déclarations du candidat pour s'assurer qu'elle a bien compris ses propos. Par exemple, elle pourrait dire : "Si je comprends bien, vous avez géré avec succès un projet similaire dans votre précédent emploi, c'est bien cela ?"

- Évitez les interruptions :

Elle laisse toujours le candidat terminer ses réponses avant de poser des questions supplémentaires ou de donner son propre point de vue. Cela permet au candidat de s'exprimer pleinement sans être interrompu.

- Résistez à l'envie de donner des conseils

Si le candidat exprime des préoccupations ou des défis rencontrés dans ses expériences précédentes, la recruteuse se concentre sur l'écoute et la compréhension plutôt que de donner des conseils ou des solutions immédiates. Elle montre ainsi qu'elle est là pour écouter et comprendre les besoins du candidat.

En appliquant ces techniques d'écoute active, la recruteuse crée un environnement propice à une communication ouverte et à une compréhension approfondie des compétences et des expériences du candidat, ce qui lui permet de prendre des décisions d'embauche éclairées. Prenons l'exemple du cas pratique suivant :

*Sophie est une recruteuse travaillant pour une entreprise de technologie à la recherche d'un développeur de logiciels expérimenté pour rejoindre son équipe. Elle rencontre Pierre, un candidat potentiel pour le poste, lors d'un entretien d'embauche.*

Application de l'écoute active :

## 1. Donnez toute votre attention à l'orateur :

Sophie éteint son téléphone et ferme son ordinateur portable avant de commencer l'entretien. Elle se concentre pleinement sur Pierre, lui accordant toute son attention.

## 2. Maintenez un contact visuel :

Pendant que Pierre parle de son expérience professionnelle et de ses compétences en développement de logiciels, Sophie maintient un contact visuel constant. Elle incline légèrement la tête pour montrer qu'elle est engagée dans la conversation.

## 3. Utilisez un langage corporel ouvert :

Sophie adopte une posture détendue, les bras posés sur la table et le dos droit.

Elle évite de croiser les bras ou de paraître tendue, ce qui pourrait indiquer un manque d'ouverture à la communication.

## 4. Posez des questions ouvertes :

Sophie pose des questions ouvertes telles que "Pouvez-vous me parler d'un projet de développement de logiciels dont vous êtes particulièrement fier ?" Cela encourage Pierre à fournir des détails et des exemples concrets de son travail passé.

## 5. Reformulez ce que vous avez entendu

Après que Pierre a partagé une anecdote sur un projet réussi, Sophie reformule ses propos en disant : "Si je comprends bien, vous avez dirigé une équipe pour développer un logiciel de gestion de projet qui a entraîné une augmentation de l'efficacité de l'entreprise, c'est bien cela ?"

## 6. Évitez les interruptions :

Sophie laisse Pierre terminer ses phrases sans l'interrompre, lui permettant de s'exprimer pleinement. Elle prend des notes pendant qu'il parle pour se rappeler des points importants à aborder plus tard.

## 7. Résistez à l'envie de donner des conseils :

Si Pierre mentionne des défis rencontrés dans son travail précédent, Sophie évite de lui donner des conseils immédiats. Au lieu de cela, elle exprime son empathie et son intérêt pour comprendre comment il a géré la situation.

En appliquant ces techniques d'écoute active, Sophie crée un environnement d'entretien positif et ouvert qui permet à Pierre de s'exprimer pleinement sur ses compétences et ses expériences en développement de logiciels.

Cela lui permet d'évaluer de manière approfondie si Pierre est le bon candidat pour le poste vacant.

**Note :**

> L'écoute active est une compétence qui demande de la pratique, mais elle peut être acquise avec un effort conscient. En développant vos compétences d'écoute active, vous pouvez améliorer vos relations, résoudre les conflits plus efficacement et devenir un communicateur plus performant.

Activités

- Trouvez un partenaire et pratiquez l'écoute active l'un envers l'autre. Chaque personne doit avoir l'occasion de parler pendant quelques minutes, tandis que l'autre pratique les techniques d'écoute active.

- Faites attention à la façon dont vous écoutez les gens dans votre vie quotidienne. Identifiez les domaines que vous pouvez améliorer et essayez de mettre en pratique les techniques d'écoute active que vous avez apprises dans ce module.

- Regardez un TED Talk ou une interview et analysez comment la personne qui écoute utilise les techniques d'écoute active.

# La gestion des conflits

Les conflits sont une partie inévitable de la vie. Ils surviennent lorsque des personnes ont des opinions, des besoins ou des objectifs différents.

La gestion des conflits est la capacité à résoudre les conflits de manière constructive et à trouver des solutions mutuellement acceptables.

## Les étapes de la gestion des conflits

1. **Identifier le conflit** : La première étape consiste à reconnaître qu'il y a un conflit. Parfois, les gens peuvent nier ou éviter le conflit, mais cela ne le fera pas disparaître.

2. **Comprendre le problème** : Une fois que vous avez identifié le conflit, essayez de comprendre le problème sous-jacent. Quelles sont les questions clés ? Quels sont les besoins et les intérêts des personnes impliquées ?

3. **Communiquer efficacement** : Une communication ouverte et honnête est essentielle à la gestion des conflits. Utilisez les techniques d'écoute active et de communication verbale et non verbale que vous avez apprises dans les modules précédents.

4. **Brainstorming de solutions** : Travaillez ensemble pour trouver des solutions qui répondent aux besoins et aux intérêts de toutes les parties impliquées. Soyez créatif et ouvert à la négociation.

5. **Choisir une solution** : Une fois que vous avez identifié un certain nombre de solutions possibles, choisissez celle qui semble la plus équitable et la plus viable.

6. **Mettre en œuvre la solution** : Une fois que vous avez choisi une solution, élaborez un plan pour la mettre en œuvre.

7. **Suivre les progrès** : Vérifiez régulièrement vos progrès et apportez des ajustements si nécessaire.

**Exemple pratique de gestion des conflits par un agent des douanes avec un passager :**

*Pierre, un agent des douanes, travaille à un poste frontalier où il rencontre régulièrement des passagers. Un passager, Jean, se présente avec des marchandises potentiellement soumises à des restrictions douanières.*

- Étapes de gestion des conflits :

## 1. Identifier le conflit :

Pierre remarque que Jean transporte des articles qui pourraient être soumis à des restrictions douanières. Il reconnaît qu'il y a un potentiel conflit d'intérêts entre les règles douanières et les besoins du passager.

## 2. Comprendre le problème :

Pierre engage une conversation avec Jean pour comprendre la nature des marchandises qu'il transporte et ses intentions.

Il écoute attentivement les explications de Jean pour comprendre son point de vue et les raisons pour lesquelles il transporte ces marchandises.

## 3. Communiquer efficacement :

Pierre utilise des techniques d'écoute active pour montrer à Jean qu'il est attentif à ses préoccupations.

Il pose des questions ouvertes pour encourager Jean à s'exprimer pleinement et à partager ses perspectives.

## 4. Brainstorming de solutions :

Pierre et Jean discutent des différentes options disponibles pour résoudre le conflit.

Ils explorent des solutions telles que la déclaration des marchandises, le paiement des droits de douane ou le retour des marchandises à leur lieu d'origine.

## 5. Choisir une solution :

Après avoir examiné les différentes options, Pierre et Jean conviennent que la meilleure solution est que Jean déclare les marchandises et paie les droits de douane correspondants, conformément aux règles douanières en vigueur.

## 6. Mettre en œuvre la solution :

Pierre guide Jean sur le processus de déclaration des marchandises et l'aide à remplir les formulaires nécessaires. Il veille à ce que toutes les étapes soient suivies correctement pour assurer une mise en œuvre efficace de la solution choisie.

## 7. Suivre les progrès :

Une fois que la déclaration des marchandises est terminée, Pierre vérifie que tout s'est déroulé correctement et que Jean est satisfait de la résolution du conflit. Il reste disponible pour répondre à d'autres questions ou préoccupations de Jean, si nécessaire.

En appliquant ces étapes de gestion des conflits, Pierre parvient à résoudre efficacement le conflit avec le passager Jean tout en maintenant l'intégrité des règles douanières et en assurant une expérience positive pour le passager.

## Styles de gestion des conflits

Les gens ont des styles de gestion des conflits différents. Certains styles courants incluent :

- **Compétitif** : Les personnes qui adoptent un style compétitif tentent de gagner le conflit à tout prix. Elles peuvent être agressives et dominatrices.

- **Accommodant** : Les personnes qui adoptent un style accommodant évitent le conflit à tout prix. Elles peuvent être prêtes à céder à leurs propres besoins pour maintenir la paix.

- **Compromis :** Les personnes qui adoptent un style de compromis sont prêtes à faire des concessions pour trouver une solution qui satisfasse partiellement toutes les parties impliquées.

- **Collaboration** : Les personnes qui adoptent un style de collaboration travaillent ensemble pour trouver une solution qui répond aux besoins et aux intérêts de toutes les parties impliquées.

- C'est généralement le style de gestion des conflits le plus efficace.

- **Évitant** : Les personnes qui adoptent un style évitant ignorent le conflit ou le quittent complètement.

Exemple de styles de gestion des conflits dans un débat télévisé entre Donald Trump et l'actuel président :

*Un débat télévisé est organisé entre Donald Trump et l'actuel président dans le cadre de la course à la présidentielle.*

*Les deux candidats ont des styles de gestion des conflits différents, ce qui se reflète dans leur comportement et leurs interactions lors de l'émission.*

## Styles de gestion des conflits :

- Compétitif (Donald Trump)

Pendant le débat, Donald Trump adopte un style compétitif en cherchant à imposer ses idées et à dominer la conversation.

Il est agressif dans ses arguments, utilisant un langage fort pour affirmer ses positions et critiquer celles de son adversaire.

Trump cherche à gagner le conflit à tout prix, mettant en avant ses propres réalisations et discréditant celles de son adversaire.

- Collaboration (L'actuel président) :

L'actuel président adopte un style de collaboration en essayant de trouver des solutions qui répondent aux besoins et aux intérêts de toutes les parties impliquées.

Il cherche à travailler avec Donald Trump pour discuter des problèmes et trouver des compromis mutuellement acceptables.

L'actuel président écoute activement les arguments de Trump, pose des questions pour comprendre ses points de vue et propose des idées pour résoudre les problèmes de manière constructive.

## Analyse des comportements et styles :

Donald Trump (Compétitif) : Son comportement agressif et dominateur peut parfois polariser le débat et susciter des tensions.

Bien qu'il puisse exprimer ses idées avec assurance, sa réticence à écouter les opinions opposées et son inclination à critiquer ses adversaires peuvent nuire à la collaboration et au compromis.

L'actuel président (Collaboration) : Son approche axée sur la collaboration favorise un environnement de discussion plus ouvert et inclusif.

En écoutant activement et en proposant des solutions constructives, il cherche à trouver un terrain d'entente et à résoudre les conflits de manière positive.

Cependant, il peut parfois sembler hésitant ou trop conciliant, ce qui pourrait être interprété comme de la faiblesse par certains observateurs.

Dans l'ensemble, le débat met en lumière les différences de styles de gestion des conflits entre les deux candidats, avec Donald Trump adoptant un style compétitif plus confrontant, tandis que l'actuel président favorise une approche de collaboration plus constructive et inclusive.

**Notez ceci :**

> La gestion des conflits est une compétence essentielle pour toute relation interpersonnelle. En comprenant les étapes de la gestion des conflits et les différents styles de gestion des conflits, vous pouvez mieux gérer les conflits dans votre vie et trouver des solutions mutuellement acceptables.

## Activités

- Pensez à un conflit que vous avez récemment rencontré. Analysez les étapes du conflit en utilisant le modèle présenté dans ce module.

- Jouez un jeu de rôle avec un partenaire. Simulez un conflit entre deux personnes. Essayez de résoudre le conflit en utilisant les techniques de gestion des conflits.

- Lisez un article ou regardez une vidéo sur les styles de gestion des conflits. Identifiez votre style de gestion des conflits habituel. Réfléchissez à la manière dont vous pouvez développer d'autres styles de gestion des conflits.

# Création et maintien de relations saines

Les relations saines sont essentielles à notre bien-être émotionnel et physique. Elles nous fournissent un sentiment d'appartenance, de soutien et de connexion. Dans ce dernier module du cours, nous allons explorer les caractéristiques des relations saines et apprendre des techniques pour les créer et les maintenir.

## Caractéristiques des relations saines

- **Confiance et respect** : La confiance et le respect sont les fondements de toute relation saine. Les partenaires doivent se sentir à l'aise de se faire confiance et de se respecter mutuellement.

- **Communication ouverte et honnête** : Une communication ouverte et honnête est essentielle pour construire et maintenir des relations saines. Les partenaires doivent pouvoir communiquer leurs pensées, leurs sentiments et leurs besoins les uns aux autres.

- Soutien mutuel : Les partenaires dans une relation saine se soutiennent mutuellement. Ils sont là l'un pour l'autre pendant les moments difficiles et célèbrent les succès de l'autre.

- Empathie et compassion : L'empathie est la capacité de comprendre et de partager les sentiments des autres. La compassion est le désir d'aider les autres à soulager leur souffrance. Ces qualités sont essentielles pour construire des relations solides.

- Indépendance et liberté : Même dans une relation étroite, il est important que les partenaires conservent leur indépendance et leur liberté. Ils devraient avoir le temps et l'espace pour poursuivre leurs propres intérêts et passer du temps avec leurs amis et leur famille.

- Limites saines : Des limites saines sont importantes pour toute relation saine. Les limites aident à protéger votre temps, votre énergie et votre bien-être émotionnel.

## Comment créer et maintenir des relations saines

- Choisissez vos partenaires judicieusement : Entourez-vous de personnes qui vous soutiennent, vous respectent et vous valorisent.

- Soyez un bon auditeur : Pratiquez l'écoute active pour montrer à vos partenaires que vous vous souciez de ce qu'ils ont à dire.

- Communiquez ouvertement et honnêtement : Exprimez vos pensées, vos sentiments et vos besoins à vos partenaires.

- Passez du temps de qualité ensemble : Prévoyez du temps régulièrement pour passer du temps de qualité avec vos partenaires.

- Soyez positif et encourageant : Soutenez les rêves et les objectifs de vos partenaires.

- Soyez capable de pardonner : Tout le monde fait des erreurs. Apprenez à pardonner à vos partenaires et à aller de l'avant.

- Résolvez les conflits de manière constructive : Utilisez les techniques de gestion des conflits que vous avez apprises dans le module précédent.

- Amusez-vous ensemble : Les relations saines doivent être agréables ! Trouvez des activités que vous aimez faire ensemble.

**Note:**

Créer et maintenir des relations saines demande du temps et des efforts, mais cela en vaut la peine. Les relations saines enrichissent notre vie et nous aident à vivre plus heureux et en meilleure santé.

## Les Maîtres de la Communication

---

## Chap. 2 :

## Les failles d'une communication interpersonnelle

La communication interpersonnelle est un élément crucial de la vie quotidienne. Elle permet d'établir des liens, de partager des informations et de résoudre des problèmes. Cependant, elle peut également être source de malentendus, de frustrations et de conflits. Dans ce chapitre, nous allons explorer les différentes failles qui peuvent compromettre une communication interpersonnelle efficace. La communication entre individus est un aspect essentiel de la vie quotidienne, que ce soit dans les relations personnelles, professionnelles ou sociales. Cependant, malgré nos meilleures intentions, il arrive souvent que des obstacles surgissent et entravent la clarté, la compréhension et l'harmonie dans nos interactions.

## Section A.

***Les différentes failles qui peuvent affecter la communication interpersonnelle et les obstacles qui peuvent entraver une communication efficace.***

## 1. Manque d'écoute active:

L'écoute active est essentielle pour une communication efficace. Elle implique de prêter attention à l'autre personne, de reformuler ses propos pour s'assurer de bien comprendre et de poser des questions pour clarifier les points obscurs.

L'écoute active est bien plus qu'une simple audition des mots prononcés. Cela implique de se concentrer pleinement sur ce que l'autre personne dit, de montrer de l'intérêt par des signaux verbaux et non verbaux, et de poser des questions pour clarifier et approfondir la compréhension.

Le manque d'écoute active peut découler de divers facteurs tels que des distractions externes comme les téléphones portables ou des pensées internes préoccupantes.

Lorsque nous ne prêtons pas attention à notre interlocuteur, nous risquons de manquer des informations importantes, de mal interpréter le message et de diminuer le sentiment de valeur ressenti par la personne qui parle.

*Imaginez une réunion d'équipe où chacun est censé contribuer ses idées pour résoudre un problème urgent. Pendant que l'un des membres de l'équipe expose une suggestion, certains participants consultent leurs emails sur leur téléphone portable, d'autres prennent des notes sans vraiment écouter, et un autre semble préoccupé par des pensées personnelles. Bien que le membre qui parle fournisse des informations cruciales, il est clair que la majorité des personnes présentes ne sont pas pleinement engagées dans l'écoute de ce qu'il dit.*

Dans cette situation, le manque d'écoute active compromet sérieusement la communication interpersonnelle. Les membres de l'équipe risquent de passer à côté d'idées pertinentes et de solutions potentielles au problème en raison de leur manque d'attention.

De plus, le membre qui parle pourrait se sentir ignoré ou peu valorisé, ce qui pourrait nuire à la dynamique de l'équipe et à sa motivation à contribuer à l'avenir.

Pour remédier à cette situation, les membres de l'équipe doivent être encouragés à pratiquer une écoute active.

Cela implique de se concentrer pleinement sur ce que dit le locuteur, d'éviter les distractions et de poser des questions pour clarifier les points qui ne sont pas compris. En adoptant cette approche, l'équipe peut améliorer sa capacité à communiquer efficacement, à collaborer de manière plus productive et à résoudre les problèmes de manière plus créative.

2. Manque de clarté:

Le manque de clarté dans le message peut mener à des malentendus. Il est important d'exprimer ses idées de manière claire et concise, en utilisant un langage précis et adapté à son interlocuteur.

Préjugés et stéréotypes :

Les préjugés et les stéréotypes sont des filtres à travers lesquels nous percevons le monde. Ils sont souvent le produit de nos expériences passées, de notre éducation et de notre culture. Cependant, ils peuvent également limiter notre capacité à comprendre les autres de manière objective. Par exemple, si nous avons des préjugés basés sur la race, le sexe, ou d'autres caractéristiques, cela peut influencer notre interprétation des messages de nos interlocuteurs. Cela peut conduire à des jugements erronés et à des malentendus qui compromettent la qualité de la communication.

*Imaginons une situation dans un contexte professionnel où un manager, basé sur des préjugés de genre, suppose que les femmes de son équipe sont moins compétentes que les hommes dans les domaines techniques. Lors d'une réunion, une femme membre de son équipe propose une solution innovante à un problème technique complexe. Cependant, le manager rejette rapidement son idée sans la considérer sérieusement, préférant plutôt écouter les suggestions des hommes de l'équipe.*

Dans cette situation, les préjugés de genre du manager ont clairement influencé sa perception et sa réaction à l'idée de la femme membre de l'équipe. Son incapacité à reconnaître et à évaluer objectivement les compétences de cette personne compromet la qualité de la communication et peut entraîner un sentiment de dévalorisation et de frustration chez le membre de l'équipe.

Pour remédier à cette situation, il est essentiel que le manager soit conscient de ses propres préjugés et stéréotypes, et qu'il les remette en question activement. En encourageant une culture organisationnelle inclusive et en valorisant la diversité des perspectives, il peut créer un environnement où chaque membre de l'équipe se sent écouté, respecté et valorisé pour ses contributions. Cela permettrait une communication plus ouverte, transparente et efficace, favorisant ainsi la collaboration et l'innovation au sein de l'équipe.

3. Non-verbal incohérent:

La communication non verbale, comme les gestes, les expressions faciales et le ton de la voix, peut envoyer des messages contradictoires à la communication verbale. Il est important d'être conscient de sa communication non verbale et de s'assurer qu'elle est cohérente avec son message verbal.

Difficultés de compréhension :

La communication efficace dépend d'une compréhension mutuelle. Cependant, les différences dans les expériences, les perspectives et les contextes culturels peuvent compliquer cette compréhension. Par exemple, une personne peut interpréter un commentaire comme une blague innocente, tandis qu'une autre peut le percevoir comme offensant en raison de différences culturelles.

Ces malentendus peuvent entraîner des tensions et des conflits dans les relations interpersonnelles.

*Imaginons une scène où deux collègues, l'un provenant d'une culture occidentale et l'autre d'une culture asiatique, travaillent sur un projet ensemble. Lors d'une réunion d'équipe, le collègue occidental fait une plaisanterie sarcastique sur une proposition de solution, pensant détendre l'atmosphère et encourager un dialogue ouvert. Cependant, son collègue asiatique perçoit cette remarque comme une critique directe et se sent offensé.*

Dans ce cas, les différences culturelles ont créé une barrière à la compréhension mutuelle. La perception de l'humour, de la critique et de l'expression des opinions peut varier considérablement d'une culture à une autre.

Le manque de sensibilité à ces différences peut conduire à des malentendus et à des conflits interpersonnels qui compromettent la collaboration et la productivité au sein de l'équipe.

Pour surmonter ces difficultés de compréhension, il est essentiel que les membres de l'équipe reconnaissent et respectent les différences culturelles. Cela peut impliquer d'être attentif aux signaux non verbaux, de poser des questions pour clarifier les intentions et les perspectives, et d'adopter une attitude de tolérance et d'ouverture d'esprit.

En favorisant un environnement où chacun se sent écouté et respecté, l'équipe peut améliorer sa capacité à communiquer efficacement et à travailler ensemble de manière harmonieuse malgré les différences culturelles.

## 4. Jugement et critiques :

Juger ou critiquer l'autre personne peut la mettre sur la défensive et bloquer la communication. Il est important de se concentrer sur le problème et non sur la personne, et d'exprimer ses critiques de manière constructive.

Communication non verbale contradictoire :

Notre langage corporel, nos expressions faciales et nos gestes jouent un rôle crucial dans la communication interpersonnelle. Parfois, nos actions peuvent contredire nos paroles, ce qui crée de la confusion chez nos interlocuteurs. Par exemple, dire "je suis d'accord" tout en hochant la tête de manière négative envoie des signaux contradictoires qui peuvent entraîner des malentendus.

Il est essentiel d'être conscient de notre langage corporel pour garantir que nos messages soient cohérents et clairs.

*Imaginons une situation où deux collègues discutent d'une proposition de projet lors d'une réunion. L'un des collègues exprime verbalement son soutien à l'idée proposée, mais pendant qu'il parle, il croise les bras, fronce les sourcils et évite le contact visuel. Ces signaux non verbaux envoient des messages contradictoires, donnant l'impression qu'il n'est pas totalement convaincu ou engagé dans la proposition, malgré ses paroles affirmatives.*

Dans ce cas, la communication non verbale contradictoire crée de la confusion chez l'autre collègue, qui pourrait douter de la sincérité ou de l'engagement de son interlocuteur.

Cela peut compromettre la confiance mutuelle et la qualité de la collaboration au sein de l'équipe.

Pour éviter de telles situations, il est crucial d'être conscient de notre langage corporel et de veiller à ce qu'il soit en accord avec nos paroles.

Cela implique d'être attentif à nos expressions faciales, à nos gestes et à notre posture pendant les interactions.

En pratiquant une congruence entre notre communication verbale et non verbale, nous pouvons renforcer la clarté et la cohérence de nos messages, ce qui favorise une meilleure compréhension et une communication plus efficace avec nos interlocuteurs.

## 5. Émotions non gérées:

Les émotions fortes peuvent brouiller le jugement et rendre la communication difficile.

Il est important de gérer ses émotions et de rester calme pour pouvoir communiquer de manière efficace.

Manque de clarté et d'articulation :

Une communication efficace nécessite une expression claire et articulée de nos pensées et de nos sentiments.

Si nous ne sommes pas en mesure d'exprimer nos idées de manière cohérente, il devient difficile pour nos interlocuteurs de comprendre notre message. Cela peut conduire à des interprétations erronées et à des malentendus qui compromettent la qualité de la communication.

*Imaginons une situation où deux collègues discutent d'un projet sur lequel ils travaillent ensemble. L'un des collègues, sous le coup d'une frustration croissante due à des obstacles rencontrés dans le projet, commence à exprimer ses émotions de manière intense et peu contrôlée. Il élève la voix, utilise un langage agressif et exprime son mécontentement de manière générale sans articuler clairement les problèmes spécifiques rencontrés.*

Dans ce cas, les émotions non gérées de ce collègue ont brouillé la communication et ont rendu difficile pour son interlocuteur de comprendre ses préoccupations et ses besoins réels. Le manque de clarté et d'articulation dans ses propos a entraîné des malentendus et des tensions supplémentaires, compliquant davantage la résolution des problèmes liés au projet.

Pour surmonter cette situation, il est essentiel de reconnaître et de gérer ses émotions avant de s'engager dans une communication importante. Cela peut impliquer de prendre une pause pour se calmer, de pratiquer des techniques de gestion du stress ou de demander un soutien supplémentaire si nécessaire.

De plus, il est important de s'efforcer d'exprimer ses idées de manière claire, cohérente et articulée, en évitant les expressions émotionnelles excessives qui pourraient entraver la compréhension mutuelle. En adoptant ces approches, les individus peuvent améliorer leur capacité à communiquer efficacement même dans des situations émotionnellement chargées, ce qui favorise des relations interpersonnelles plus harmonieuses et une résolution plus efficace des problèmes.

## 6. Différences culturelles :

Les différences culturelles peuvent influencer la manière dont les gens communiquent. Il est important de respecter les différences culturelles et d'adapter sa communication en conséquence.

## Émotions fortes :

Nos émotions peuvent avoir un impact significatif sur notre capacité à communiquer de manière efficace. Lorsque nous sommes submergés par des émotions telles que la colère, la peur ou la tristesse, notre jugement peut être altéré, ce qui peut nous amener à réagir de manière irrationnelle ou impulsive.

Ces réactions émotionnelles peuvent nuire à notre capacité à écouter activement, à comprendre les perspectives des autres et à résoudre les conflits de manière constructive.

*Imaginons une situation où deux collègues de cultures différentes sont en désaccord sur la manière de mener un projet. L'un des collègues, qui vient d'une culture où l'expression émotionnelle est encouragée et considérée comme normale, exprime ouvertement sa frustration et son mécontentement face à la direction du projet. L'autre collègue, qui vient d'une culture où il est plus courant de contrôler ses émotions en public, est déconcerté par cette réaction et se sent attaqué.*

Dans ce cas, les différences culturelles ont un impact direct sur la communication interpersonnelle. La réaction émotionnelle du premier collègue peut être perçue comme agressive ou inappropriée par le second collègue, ce qui entraîne un malentendu et une détérioration de la relation professionnelle entre les deux.

Pour surmonter ces différences culturelles et gérer les émotions fortes, il est important que les deux collègues fassent preuve d'empathie et de compréhension mutuelle.

Ils doivent reconnaître et respecter les différences culturelles dans leur façon de communiquer, tout en cherchant des moyens de trouver un terrain d'entente.

Cela pourrait impliquer une discussion ouverte et constructive pour comprendre les préoccupations de chacun, ainsi que des efforts pour adapter leur communication en fonction des normes culturelles de l'autre.

De plus, il est crucial que les deux collègues apprennent à gérer leurs propres émotions de manière constructive.

Cela pourrait inclure des techniques de gestion du stress telles que la respiration profonde ou la méditation, ainsi que la recherche de solutions de compromis qui prennent en compte les besoins et les perspectives de chacun.

En travaillant ensemble pour surmonter ces obstacles, les collègues peuvent renforcer leur relation professionnelle et améliorer leur capacité à communiquer efficacement malgré les différences culturelles et les émotions fortes.

7. Manque d'empathie:

L'empathie est la capacité de se mettre à la place de l'autre et de comprendre ses sentiments. Le manque d'empathie peut rendre la communication difficile et créer des tensions.

Manque d'empathie :

L'empathie est la capacité de comprendre et de ressentir les émotions des autres.

Lorsque nous manquons d'empathie, il devient difficile d'établir des liens significatifs avec les autres et de développer des relations interpersonnelles saines. Sans empathie, nous pouvons avoir du mal à reconnaître les besoins et les sentiments de nos interlocuteurs, ce qui peut entraîner des malentendus et des conflits dans nos interactions.

En reconnaissant ces failles, nous pouvons travailler à les surmonter et à améliorer notre communication interpersonnelle. Cela peut impliquer la pratique de l'écoute active, la remise en question de nos propres préjugés, l'amélioration de nos compétences en communication verbale et non verbale, ainsi que le développement de notre empathie et de notre intelligence émotionnelle. En travaillant sur ces aspects, nous pouvons construire des relations plus solides et plus satisfaisantes avec les autres.

*Imaginons une situation où un collègue partage avec son manager qu'il a du mal à concilier ses responsabilités professionnelles avec ses obligations familiales. Le manager, manquant d'empathie, répond en minimisant les préoccupations du collègue et en insistant sur l'importance de se concentrer uniquement sur le travail.*

Dans ce cas, le manque d'empathie du manager crée un fossé dans la communication et nuit à la relation entre le manager et le collègue.

En ne reconnaissant pas les défis personnels et émotionnels auxquels le collègue est confronté, le manager risque de créer des tensions et des sentiments de mécontentement chez le collègue.

Pour surmonter ce manque d'empathie, le manager doit faire preuve de compassion et d'une compréhension véritable des préoccupations du collègue. Cela implique d'écouter activement sans jugement, de reconnaître et de valider les émotions du collègue, et de collaborer pour trouver des solutions qui répondent à ses besoins professionnels et personnels.

De plus, le manager peut envisager de développer ses compétences en intelligence émotionnelle et en empathie, ce qui lui permettra de mieux comprendre les perspectives et les sentiments des autres membres de l'équipe.

En favorisant un environnement où l'empathie est valorisée et pratiquée, le manager peut améliorer la qualité de la communication et renforcer les relations interpersonnelles au sein de l'équipe.

## 8. Sauts aux conclusions:

Tirer des conclusions hâtives sur les intentions de l'autre personne peut mener à des malentendus. Il est important de prendre le temps de comprendre la situation avant de réagir.

*Imaginez qu'un agent d'immigration interroge un voyageur à la frontière. Le voyageur présente des documents qui semblent être en ordre, mais l'agent remarque qu'il hésite et semble nerveux lorsqu'il répond à certaines questions. Sans prendre le temps de creuser davantage ou de demander des éclaircissements, l'agent d'immigration présume que le voyageur a quelque chose à cacher et décide de le refuser l'entrée au pays.*

Cependant, ce que l'agent d'immigration n'a pas pris en compte, c'est que le voyageur est simplement nerveux à cause du stress habituel lié aux contrôles frontaliers, et qu'il n'y a rien d'illégal dans ses intentions de voyage.

En sautant aux conclusions et en prenant une décision hâtive, l'agent d'immigration risque de refuser l'entrée à une personne légitime, ce qui peut avoir des conséquences néfastes pour le voyageur et créer des tensions inutiles.

Dans cette situation, il aurait été plus judicieux pour l'agent d'immigration de prendre le temps de poser des questions supplémentaires, de rechercher des clarifications et d'obtenir plus d'informations avant de prendre une décision.

Cela aurait permis d'éviter les erreurs potentielles et de garantir une prise de décision plus éclairée et juste.

## 9. Filtres personnels:

Les filtres personnels, comme nos expériences passées et nos préjugés, peuvent influencer la manière dont nous interprétons les messages des autres.

Il est important d'être conscient de ses filtres personnels et de s'efforcer de les mettre de côté pour communiquer de manière objective.

*Imaginons un scénario où lors d'un entretien d'embauche, un recruteur rencontre un candidat qui mentionne qu'il a travaillé pour une entreprise concurrente par le passé.*

*Le recruteur, ayant eu des expériences négatives avec des employés provenant de cette entreprise dans le passé, laisse ces préjugés influencer sa perception du candidat.*

*En conséquence, le recruteur interprète les réponses du candidat de manière négative et émet un jugement défavorable sur sa capacité à réussir dans le poste.*

Dans cette situation, les filtres personnels du recruteur, basés sur ses expériences passées et ses préjugés envers les employés provenant de cette entreprise concurrente, ont influencé sa capacité à évaluer objectivement les qualifications et les compétences du candidat.

En laissant ces filtres personnels interférer dans le processus de recrutement, le recruteur risque de passer à côté d'un candidat potentiellement qualifié et de compromettre l'objectivité du processus de sélection.

Pour surmonter les effets des filtres personnels, il est essentiel que le recruteur soit conscient de ses propres préjugés et expériences passées, et qu'il s'efforce activement de les mettre de côté lorsqu'il évalue les candidats.

Cela pourrait impliquer de se poser des questions pour remettre en question ses propres perceptions et d'être ouvert à considérer les candidats de manière objective, en se basant sur leurs qualifications, leurs compétences et leur adéquation avec le poste.

En adoptant une approche de recrutement plus équilibrée et objective, le recruteur peut garantir une prise de décision plus juste et plus efficace.

10. Canaux de communication inadaptés:

Le choix du canal de communication peut avoir un impact important sur l'efficacité de la communication. Il est important de choisir un canal adapté à la situation et au message que l'on souhaite transmettre.

*Imaginons un exemple où un manager décide d'annoncer une réorganisation majeure de l'équipe par e-mail sans tenir compte des implications émotionnelles et des questions potentielles des employés.*

Dans cette situation, le choix d'un canal de communication inadapté peut entraîner des malentendus et des frustrations parmi les membres de l'équipe.

Les employés peuvent se sentir déconnectés et mal informés, ce qui peut nuire à la confiance et à la moral de l'équipe.

Pour éviter cela, le manager aurait pu choisir un canal de communication plus approprié, tel qu'une réunion en personne ou une vidéoconférence, où il aurait pu expliquer la réorganisation en détail, répondre aux questions et aborder les préoccupations des employés.

Cela aurait permis une communication plus directe, transparente et interactive, favorisant ainsi une meilleure compréhension et acceptation de la part de l'équipe.

## **Note :**

> *La communication interpersonnelle est un processus complexe qui peut être sujet à de nombreuses failles. En reconnaissant les obstacles à une communication efficace et en s'efforçant de les surmonter, nous pouvons améliorer nos relations et interactions avec les autres.*

## Section B

## Principales victimes des failles de communication interpersonnelle et gestion du stress post-erreur

Les principales victimes des failles de communication interpersonnelle sont souvent les relations professionnelles et personnelles, ainsi que la productivité et le bien-être des individus impliqués.

Lorsque la communication échoue, les relations peuvent se détériorer, conduisant à des malentendus, des conflits et un manque de confiance mutuelle.

Cela peut entraîner une diminution de la collaboration, une baisse de la motivation et une perte d'efficacité au sein des équipes de travail ou des relations interpersonnelles.

Pour gérer le stress post-erreur résultant de ces failles, il est crucial de reconnaître l'erreur et d'en assumer la responsabilité. Cela implique d'être honnête avec soi-même et avec les autres concernant les erreurs commises.

Ensuite, il est important de prendre des mesures correctives pour rectifier la situation autant que possible.

Cela peut inclure des excuses sincères, des clarifications supplémentaires, ou des actions pour résoudre les problèmes causés par la communication défaillante.

En outre, il est essentiel de favoriser un environnement où l'apprentissage et l'amélioration sont encouragés.

Plutôt que de blâmer ou de pointer du doigt les erreurs, il est préférable de les considérer comme des opportunités d'apprentissage et de croissance.

Cela peut se faire en encourageant une communication ouverte et constructive, en mettant en place des mécanismes de rétroaction réguliers et en fournissant un soutien aux individus pour les aider à surmonter les défis de communication.

Il est important de prendre du recul et de gérer son propre stress post-erreur de manière saine.

Cela peut inclure des techniques de gestion du stress telles que la respiration profonde, la méditation, ou le partage des sentiments avec un ami ou un collègue de confiance.

En prenant soin de son bien-être émotionnel, on peut mieux faire face aux défis de la communication et travailler vers des relations interpersonnelles plus solides et plus satisfaisantes.

**Pour gérer le stress après avoir commis une erreur de communication, voici quelques stratégies utiles :**

**Reconnaître l'erreur :** Il est essentiel de reconnaître et d'accepter l'erreur de communication, sans minimiser son impact ou la responsabilité qui en découle.

Cela peut aider à éviter le déni et à favoriser un processus de résolution constructive.

**Prendre du recul et se calmer :** Il est important de prendre du recul et de se calmer pour éviter de réagir de manière excessive ou impulsivement.

Des techniques de gestion du stress telles que la respiration profonde, la méditation ou la marche peuvent être utiles pour retrouver son calme et sa clarté mentale.

**Communiquer ouvertement :** Si possible, il est important de communiquer ouvertement avec les personnes concernées pour reconnaître l'erreur, s'excuser si nécessaire et discuter des mesures à prendre pour rectifier la situation.

Une communication transparente peut contribuer à restaurer la confiance et à renforcer les relations.

**Apprendre de l'erreur :** Chaque erreur de communication peut être une occasion d'apprentissage et de croissance personnelle.

Il est important d'analyser l'erreur de manière constructive, d'identifier les leçons à en tirer et de réfléchir à la manière d'éviter des situations similaires à l'avenir.

**Demander de l'aide si nécessaire :** Si le stress post-erreur devient accablant, il est important de ne pas hésiter à demander du soutien à des collègues, des amis, des membres de la famille ou même à un professionnel de la santé mentale. Parler de ses sentiments peut aider à les mettre en perspective et à trouver des solutions.

## Section C

## La communication interpersonnelle en milieu de travail

## Définition et importance

La communication interpersonnelle en milieu de travail est l'échange d'informations, d'idées et de sentiments entre deux ou plusieurs personnes, tant verbalement que non verbalement. Elle est essentielle pour le bon fonctionnement d'une entreprise, car elle permet de :

- ✓ **Clarifier les objectifs et les attentes**
- ✓ **Résoudre les problèmes et les conflits**
- ✓ **Bâtir des relations de confiance et de collaboration**
- ✓ **Améliorer la productivité et la motivation**
- ✓ **Créer un environnement de travail positif et sain**

Au cœur de tout environnement professionnel prospère réside une communication interpersonnelle efficace.

Elle tisse la toile invisible qui relie les individus, favorisant la collaboration, la confiance et la réussite collective.

## Renforcer la Communication Interpersonnelle dans le Milieu Professionnel

Dans le monde professionnel contemporain, la communication interpersonnelle efficace se présente comme un pilier essentiel de la réussite organisationnelle.

De la collaboration sur des projets à la résolution de conflits et à la promotion de la cohésion d'équipe, la capacité à communiquer de manière compétente entre collègues est primordiale.

En favorisant des canaux de communication ouverts, les organisations peuvent renforcer le moral, l'engagement et la productivité des employés. Lorsque les membres de l'équipe se sentent à l'aise pour exprimer leurs idées, leurs préoccupations et leurs commentaires, cela favorise un sentiment d'appartenance et d'autonomisation, entraînant une augmentation de l'innovation et des capacités de résolution de problèmes.

De plus, une communication claire et concise réduit les malentendus et les conflits, ce qui permet de rationaliser le flux de travail et d'améliorer l'efficacité.

Que ce soit pour articuler les objectifs du projet, fournir des retours constructifs ou gérer les divergences d'opinions, une communication ouverte et transparente favorise un environnement de travail sain et productif.

Dans le contexte trépidant du monde professionnel d'aujourd'hui, la communication interpersonnelle efficace est bien plus qu'une simple compétence : c'est un impératif pour la réussite des organisations.

De la salle de réunion au bureau partagé, la qualité des échanges entre collègues peut faire toute la différence dans la réalisation des objectifs et dans le maintien d'une atmosphère de travail saine et harmonieuse.

La communication interpersonnelle transcende les simples échanges de mots. C'est un art subtil qui englobe la capacité à écouter activement, à comprendre les émotions sous-jacentes et à transmettre efficacement ses propres idées.

***Dans le milieu professionnel, cette compétence revêt une importance capitale à plusieurs égards.***

Tout d'abord, une communication interpersonnelle fluide favorise un environnement de travail où règnent la confiance et le respect mutuel.

Lorsque les employés se sentent entendus et compris, ils sont plus enclins à partager leurs idées, à collaborer efficacement et à résoudre les conflits de manière constructive.

Cette ouverture favorise également un sentiment d'appartenance à l'équipe, renforçant ainsi la cohésion et la motivation collective.

De plus, une communication claire et transparente est essentielle pour garantir l'efficacité opérationnelle. Des directives mal comprises, des informations mal communiquées ou des malentendus peuvent entraîner des erreurs coûteuses et des retards dans la réalisation des projets.

## Section D

## Approches théoriques en communication interpersonnelle appliquées au monde professionnel

Comprendre les modèles de communication et leur pertinence dans le contexte professionnel.

Adapter les styles de communication en fonction des différentes situations et interlocuteurs rencontrés dans le monde du travail.

Explorer les nuances de la communication verbale et non verbale dans un cadre professionnel, notamment en matière de présentations, négociations et entretiens.

## Interactions verbales et non verbales au travail

Mettre en pratique l'écoute active lors des réunions, des collaborations et des discussions en équipe.

Utiliser efficacement le langage corporel pour renforcer son discours et établir une connexion avec les collègues et les supérieurs.

Reconnaître l'importance de la communication écrite dans les échanges professionnels, que ce soit par e-mail, rapports ou présentations.

## Gestion des émotions au travail

Apprendre à gérer son stress et ses émotions lors de situations professionnelles tendues, telles que les délais serrés ou les retours critiques.

Développer une intelligence émotionnelle pour comprendre et réguler ses propres émotions, ainsi que celles des autres, afin de maintenir un environnement de travail positif et productif.

## Cultiver l'empathie, le respect et l'authenticité dans le milieu professionnel

Pratiquer l'empathie pour mieux comprendre les besoins et les perspectives des collègues et des clients.

Favoriser un environnement de travail respectueux en valorisant la diversité d'opinions et de talents.

Être authentique dans ses interactions professionnelles en exprimant ses idées, ses préoccupations et ses valeurs de manière sincère et transparente.

## Gestion des situations conflictuelles au travail

Acquérir des compétences de résolution de conflits pour gérer efficacement les désaccords et les tensions entre collègues ou avec des supérieurs.

Savoir reconnaître et désamorcer les conflits potentiels avant qu'ils ne deviennent incontrôlables.

Faire preuve de diplomatie et de professionnalisme lors de la confrontation de problèmes au sein de l'équipe ou de l'organisation.

## Le rôle de l'humour dans la communication professionnelle

Reconnaître les bienfaits de l'humour bien placé pour encourager la collaboration, renforcer les liens d'équipe et stimuler la créativité au travail.

Savoir utiliser l'humour de manière appropriée et respectueuse, en évitant les sujets sensibles ou les plaisanteries déplacées.

Apprécier le pouvoir de l'humour pour réduire le stress et améliorer l'ambiance au travail, tout en sachant maintenir un équilibre professionnel.

*Aperçu des principales approches théoriques en communication et de leur application pratique dans le milieu du travail :*

**Modèles de communication** : Les modèles de communication, tels que le modèle de Shannon-Weaver et le modèle de Berlo, fournissent un cadre pour comprendre comment les messages sont transmis et interprétés.

Au sein d'une entreprise, comprendre ces modèles permet de structurer efficacement les échanges d'informations, que ce soit lors de réunions, de présentations ou de rapports.

**Styles de communication** : Comprendre les différents styles de communication (passif, agressif, assertif) est essentiel pour adapter son approche en fonction de la situation et des interlocuteurs.

Par exemple, adopter un style assertif favorise la collaboration et la résolution de problèmes, tandis qu'un style agressif peut entraîner des conflits et des malentendus.

**Communication verbale et non verbale** :
La communication verbale (mots, ton de voix) et non verbale (langage corporel, expressions faciales) jouent un rôle crucial dans la transmission des messages au travail.

Savoir interpréter et utiliser efficacement ces deux formes de communication permet d'améliorer la clarté et la compréhension des interactions professionnelles.

**Théorie de la communication interpersonnelle :**

Cette théorie examine les dynamiques des relations humaines et la manière dont la communication influence les interactions interpersonnelles. Au travail, comprendre cette théorie permet de renforcer les liens avec les collègues, les clients et les partenaires commerciaux, favorisant ainsi la coopération et la productivité.

## Interactions verbales et non verbales au travail

Au sein du milieu professionnel, les interactions verbales et non verbales revêtent une importance capitale pour assurer le bon déroulement des activités et favoriser un environnement de travail harmonieux.

Voici comment développer et affiner ces compétences spécifiquement dans le contexte professionnel :

- Pratiquer l'écoute active en milieu professionnel :

L'écoute active est particulièrement cruciale dans le cadre du travail, où les échanges d'informations sont souvent rapides et complexes. En tant que professionnel, il est essentiel de maîtriser cette compétence pour comprendre pleinement les besoins, les attentes et les instructions de ses collègues, de ses supérieurs et de ses clients.

Cela implique de se concentrer pleinement sur la personne qui parle, de poser des questions pertinentes pour clarifier les points importants et de fournir des réponses appropriées. Par exemple, lors des réunions d'équipe, une écoute active permet de mieux comprendre les objectifs et les tâches assignées, ce qui contribue à une collaboration efficace et à des résultats de qualité.

- Utiliser efficacement le langage corporel dans un contexte professionnel :

Au travail, le langage corporel peut avoir un impact significatif sur la manière dont nous sommes perçus par nos collègues et nos clients.

Adopter une posture ouverte et engagée lors des réunions, des présentations ou des entretiens renforce notre crédibilité et notre confiance en nous.

De même, maintenir un contact visuel approprié démontre notre intérêt et notre respect pour la personne avec qui nous interagissons. En se concentrant sur ces aspects du langage corporel, nous pouvons améliorer notre présence et notre efficacité communicationnelle, ce qui est essentiel pour réussir dans le monde professionnel.

- Reconnaître l'importance de la communication écrite en milieu professionnel :

Dans un environnement de travail où les échanges d'informations sont fréquents et souvent documentés, la communication écrite revêt une importance particulière. Que ce soit par e-mail, rapports, propositions ou autres documents professionnels, il est essentiel de pouvoir transmettre des informations de manière claire, précise et professionnelle.

## Les Machinistes

Dans le monde des machinistes, la communication va bien au-delà des machines et des outils. C'est une compétence essentielle qui façonne non seulement la productivité et la sécurité, mais aussi les relations professionnelles et la satisfaction au travail. Bien que souvent sous-estimée, une communication efficace est la clé d'une équipe performante et d'un environnement de travail harmonieux.

Dans le domaine exigeant des machinistes, chaque action et chaque décision repose sur une communication claire et précise. Que ce soit pour transmettre des instructions lors de la fabrication de pièces critiques ou pour signaler des problèmes de sécurité potentiels, la communication est au cœur de chaque tâche et responsabilité.

Une communication efficace garantit non seulement la qualité du travail, mais aussi la sécurité des travailleurs et la réussite globale de l'entreprise.

La communication interpersonnelle repose sur des principes simples mais puissants. Être clair, cohérent et courtois dans ses interactions avec les collègues et les superviseurs est essentiel pour éviter les malentendus et les erreurs coûteuses. De plus, l'écoute active et l'empathie sont des compétences clés qui favorisent la confiance, renforcent les relations et stimulent la collaboration au sein de l'équipe.

- Rôles de l'émetteur et du récepteur :

Dans chaque échange communicationnel, que ce soit un simple briefing ou une discussion approfondie sur un projet, il y a un émetteur et un récepteur.

L'émetteur est chargé de transmettre des informations de manière claire et précise, tandis que le récepteur est responsable de les interpréter correctement. Comprendre ces rôles et leurs responsabilités respectives est essentiel pour garantir une communication efficace et sans ambiguïté.

- Techniques d'expression et d'écoute :

Les techniques d'expression claire et concise sont essentielles pour transmettre des informations techniques et des instructions de manière efficace.

De même, développer des compétences d'écoute active permet de comprendre les besoins et les préoccupations des collègues, favorisant ainsi une communication plus fluide et une résolution rapide des problèmes.

- Communication de groupe et résolution de problèmes :

Dans un environnement de travail collaboratif, la communication de groupe joue un rôle essentiel dans la coordination des activités et l'atteinte des objectifs communs.

En tant que machinistes, la communication professionnelle est une compétence non seulement nécessaire, mais également cruciale pour réussir et prospérer dans ce domaine exigeant. En comprenant les principes fondamentaux de la communication interpersonnelle et en mettant en pratique les meilleures techniques d'expression et d'écoute, les machinistes peuvent améliorer leur efficacité au travail, renforcer les relations professionnelles et contribuer au succès global de leur entreprise.

Une communication écrite efficace permet de réduire les malentendus, d'accroître la productivité et de renforcer la crédibilité professionnelle.

Par exemple, une rédaction claire et concise des e-mails professionnels permet de transmettre rapidement des informations importantes, tout en respectant les normes de politesse et de professionnalisme. En mettant l'accent sur le développement des interactions verbales et non verbales spécifiquement adaptées au milieu professionnel, les individus peuvent améliorer leur efficacité communicationnelle, renforcer leurs relations interpersonnelles et contribuer au succès de leur entreprise. En pratiquant régulièrement ces compétences et en les appliquant de manière cohérente dans leurs interactions professionnelles, ils seront mieux équipés pour prospérer dans leur carrière et atteindre leurs objectifs professionnels.

## Section E

## Exercices et des exemples concrets.

- **Exercice d'écoute active :**

*Scénario :* *Pendant une réunion d'équipe, un collègue expose un problème rencontré lors de l'utilisation d'une machine spécifique.*

**Exercice 1 :**

Écoutez attentivement les préoccupations de votre collègue sans interrompre. Posez ensuite des questions de clarification pour obtenir plus de détails sur le problème.

Reformulez ensuite ce que votre collègue a dit pour vous assurer d'avoir bien compris.

**Pratique :**

**Scène:** Réunion d'équipe

**Personnages:**

- **Karim:** Technicien informatique
- **Sarah:** Ingénieur

**Déroulement de l'exercice 1 :**

**1. Écoute active**

**Karim:** "Bonjour à tous. J'ai rencontré un problème avec la machine de découpe laser ce matin. Elle s'est soudainement arrêtée en plein milieu d'une tâche et je n'ai pas pu la redémarrer."

**Sarah:** (écoute attentivement sans interrompre Karim)

## 2. Questions de clarification

**Sarah:** "D'accord, Karim. Peux-tu me dire plus précisément ce qui s'est passé ? As-tu reçu un message d'erreur ?"

**Karim:** "Oui, il y avait un message d'erreur sur l'écran qui disait 'Échec du système de refroidissement'. J'ai essayé de redémarrer la machine plusieurs fois, mais rien n'y a fait."

**Sarah:** "As-tu vérifié le niveau d'eau du système de refroidissement ?"

**Karim:** "Oui, c'est la première chose que j'ai faite. Le niveau était correct."

## 3. Reformulation

**Sarah:** "Si je comprends bien, la machine de découpe laser s'est arrêtée subitement à cause d'une défaillance du système de refroidissement, et tu n'as pas pu la redémarrer malgré tes tentatives. Est-ce exact ?"

**Karim:** "C'est tout à fait ça."

## 4. Conclusion

**Sarah:** "Merci pour ces informations, Karim. Je vais regarder de plus près le problème et te tenir au courant dès que j'aurai plus de détails."

**Points clés de l'exercice 1 :**

- **Écoute active:** Sarah a écouté attentivement Karim sans l'interrompre, ce qui lui a permis de comprendre pleinement le problème.
- **Questions de clarification:** Sarah a posé des questions précises pour obtenir plus de détails sur le problème et s'assurer de ne rien manquer.
- **Reformulation:** Sarah a reformulé les propos de Karim pour s'assurer d'avoir bien compris la situation et de lui donner

l'occasion de corriger d'éventuelles erreurs.

**L'exemple de cet exercice** montre comment une communication interpersonnelle efficace peut être utilisée pour résoudre un problème en milieu professionnel.

**Exercice de communication verbale et non verbale :**

**Scénario :** *Vous devez donner des instructions à un collègue sur la manière d'utiliser une nouvelle machine.*

### Exercice 2 :

Pratiquez votre langage corporel en adoptant une posture ouverte et en faisant un contact visuel régulier. Utilisez un langage clair et des instructions étape par étape pour guider votre collègue dans l'utilisation de la machine. Encouragez également les questions pour vous assurer que les instructions sont bien comprises.

**Pratique :**

**Scène:** Donner des instructions à un collègue sur l'utilisation d'une nouvelle machine

**Objectif:** Guider un collègue dans l'utilisation d'une nouvelle machine en utilisant une communication verbale et non verbale efficace.

**Matériel:**

- Une nouvelle machine (ex : imprimante 3D)
- Un collègue

**Déroulé de l'exercice:**

**1. Préparation**

- **Avant de commencer,** prenez le temps de bien comprendre le fonctionnement de la machine.
- **Préparez un plan d'instructions claires et concises,** en décomposant chaque étape du processus en actions simples.
- **Rassemblez tous les documents nécessaires,** tels que le manuel d'utilisation ou des fiches d'instructions.

## 2. Communication non verbale

- **Adoptez une posture ouverte et accueillante.** Tenez-vous droit, les épaules détendues et le sourire aux lèvres.
- **Établissez un contact visuel régulier** avec votre collègue pour montrer que vous êtes attentif et que vous le comprenez.
- **Utilisez des gestes précis et naturels** pour illustrer vos instructions.

## 3. Communication verbale

- **Parlez clairement et distinctement,** en utilisant un ton de voix positif et engageant.
- **Utilisez un langage simple et compréhensible,** en évitant le jargon technique.
- **Donnez les instructions étape par étape,** en laissant le temps à votre collègue de suivre et de poser des questions.

- **Encouragez les questions** et répondez-y de manière claire et précise.
- **Utilisez un feedback positif** pour valoriser les efforts de votre collègue.

**Exemple d'instructions:**

**Étape 1:** Allumez la machine en appuyant sur le bouton d'alimentation.

**Étape 2:** Sélectionnez le programme d'impression que vous souhaitez utiliser sur l'écran tactile.

**Étape 3:** Chargez le filament dans l'extrudeur en suivant les instructions du manuel d'utilisation.

**Étape 4:** Placez le modèle 3D sur le plateau d'impression et lancez l'impression.

**Étape 5:** Surveillez l'impression et intervenez si nécessaire.

## Conseils:

- **Soyez patient et compréhensif.** Il est normal que votre collègue ait besoin de temps pour s'habituer à la nouvelle machine.
- **Adaptez votre style de communication** en fonction des besoins de votre collègue.
- **Restez positif et encourageant** tout au long du processus.

## Conclusion de l'exercice:

En suivant ces conseils et en utilisant une communication verbale et non verbale efficace, vous pouvez vous assurer que votre collègue est en mesure d'utiliser la nouvelle machine en toute confiance et de manière optimale.

## Exercice de communication écrite

**Scénario :** *Vous devez rédiger un rapport sur un problème de maintenance rencontré avec une machine.*

**Exercice 3 :**

Rédigez un rapport détaillé décrivant le problème rencontré, les étapes prises pour le résoudre et les résultats obtenus. Assurez-vous que le rapport est clair, concis et bien organisé. Utilisez un langage professionnel et évitez les acronymes ou les termes techniques complexes qui pourraient être mal compris.

**Pratique**

**Exercice 3 : Rédiger un rapport de maintenance**

**Objet :** Rapport de maintenance - Incident sur la machine X

**Date :** 2023-11-16

**Rédacteur :** [Votre nom]

**Résumé :**

Ce rapport décrit un problème de maintenance rencontré avec la machine X, les étapes prises pour le résoudre et les résultats obtenus.

**Description du problème :**

Le [date], la machine X a subi une panne soudaine pendant son fonctionnement normal. Le problème s'est manifesté par [décrire les symptômes observés].

**Étapes de résolution :**

1. **Analyse du problème:**
    - [Décrivez les actions entreprises pour identifier la cause du problème.]
    - [Listez les outils et les ressources utilisés pour l'analyse.]

2. **Tentatives de résolution:**
   - [Décrivez les différentes solutions envisagées et les actions entreprises pour les mettre en œuvre.]
   - [Précisez les résultats obtenus pour chaque tentative.]
3. **Solution finale:**
   - [Décrivez la solution qui a permis de résoudre le problème.]
   - [Expliquez le principe de fonctionnement de la solution et son impact sur la machine.]

**Résultats obtenus :**

- La machine X est de nouveau fonctionnelle et a été remise en service le [date].
- La cause du problème a été identifiée et corrigée.
- Des mesures préventives ont été mises en place pour éviter que le problème ne se reproduise.

## Conclusion :

L'intervention a permis de résoudre le problème de maintenance rencontré avec la machine X de manière efficace et durable. Les mesures prises ont permis de minimiser l'impact de la panne sur la production et de garantir la sécurité des utilisateurs.

## Recommandations :

- Il est recommandé de mettre en place un plan de maintenance préventive pour la machine X afin de réduire le risque de pannes futures.
- Il est également recommandé de former les utilisateurs de la machine X aux procédures de sécurité et d'intervention en cas de panne.

## Annexes :

- [Liste des documents annexes, tels que des photos, des captures d'écran ou des rapports d'analyse.]

## Exercice de communication de groupe

**Scénario :** *Vous faites partie d'une équipe chargée de résoudre un problème de production sur une ligne de fabrication.*

**Exercice 4 :**

Organisez une réunion d'équipe pour discuter du problème et établir un plan d'action. Encouragez la participation de tous les membres de l'équipe en leur donnant l'occasion de partager leurs idées et leurs suggestions.

Utilisez des techniques de facilitation pour assurer une communication ouverte et constructive tout au long de la réunion.

**Scène : Organiser une réunion d'équipe pour résoudre un problème de production**

**Objectif :** Organiser une réunion d'équipe efficace pour discuter d'un problème de production sur une ligne de fabrication et établir un plan d'action.

**Préparation:**

1. **Définir l'objectif de la réunion.** Que souhaitez-vous accomplir ?
2. **Identifier les participants clés.** Qui doit être présent pour apporter son expertise et sa contribution ?
3. **Créer un ordre du jour clair et concis.** Prévoyez du temps pour la discussion, la prise de décision et la planification.
4. **Rassemblez les informations et les documents nécessaires.**
5. **Préparer un espace de réunion confortable et propice à la collaboration.**

## Déroulement de la réunion:

## 1. Introduction (5 minutes)

- Accueillez les participants et présentez l'objectif de la réunion.
- Décrivez le problème de production de manière claire et concise.
- Encouragez les participants à se présenter et à partager leurs rôles dans l'équipe.

## 2. Discussion ouverte (20 minutes)

- Invitez les participants à partager leurs idées et suggestions sur les causes possibles du problème de production.
- Encouragez la participation active et l'écoute attentive.
- Utilisez des techniques de brainstorming pour générer des solutions créatives.
- Notez toutes les idées et suggestions sur un tableau blanc ou un document partagé.

## 3. Analyse et priorisation (20 minutes)

- Examinez les idées et suggestions générées et analysez leur faisabilité et leur impact potentiel.
- Prioriser les solutions les plus prometteuses en fonction de critères définis (coût, temps, efficacité, etc.).
- Encouragez la discussion et le débat constructif pour arriver à un consensus.

## 4. Planification d'action (15 minutes)

- Définissez les actions concrètes à entreprendre pour mettre en œuvre les solutions choisies.
- Déléguez les tâches aux membres de l'équipe et définissez des échéances claires.
- Prévoyez un suivi régulier pour mesurer l'avancement et l'efficacité des actions entreprises.

## 5. Conclusion (5 minutes)

- Résumez les points clés discutés et les décisions prises.
- Remerciez les participants pour leur contribution.
- Encouragez la communication ouverte et continue entre les membres de l'équipe.

**Conseils pour une communication efficace :**

- **Utilisez un langage clair et précis.**
- **Écoutez attentivement les autres et reformulez leurs propos pour vous assurer de bien comprendre.**
- **Encouragez la participation de tous les membres de l'équipe.**
- **Restez calme et positif, même en cas de désaccord.**
- **Soyez ouvert aux idées et suggestions nouvelles.**

**Techniques de facilitation :**

- **Brainstorming:** Technique pour générer des idées créatives en groupe.

- **Brainwriting:** Variante du brainstorming où les participants écrivent leurs idées sur des feuilles de papier qu'ils partagent ensuite avec les autres.
- **Tour de table:** Technique pour donner à chaque participant l'occasion de s'exprimer.
- **Méthode des 5 pourquoi:** Technique pour identifier la cause profonde d'un problème en posant la question "pourquoi ?" cinq fois de suite.

**En conclusion de cet exercice,** une communication efficace et une planification rigoureuse sont essentielles pour organiser une réunion d'équipe productive et aboutir à des solutions concrètes aux problèmes de production. En suivant les conseils et les techniques ci-dessus, vous pouvez maximiser les chances de réussite de votre réunion et améliorer la performance globale de votre équipe.

# Exercice de résolution de problèmes et de conflits

**Scénario :** *Deux collègues ont des désaccords sur la façon de procéder pour réparer une machine.*

## Exercice 5 :

Organisez une réunion de médiation pour permettre aux deux parties d'exprimer leurs points de vue de manière respectueuse. Utilisez des techniques de résolution de conflits telles que la reformulation et la recherche de compromis pour parvenir à un accord mutuellement acceptable. Assurez-vous que les solutions proposées prennent en compte les besoins et les préoccupations des deux parties.

## Scene : Organiser une réunion de médiation pour résoudre un conflit

**Objectif :** Organiser une réunion de médiation pour aider deux collègues à résoudre un conflit lié à la réparation d'une machine.

**Préparation :**

1. **Choisissez un médiateur impartial.** Le médiateur doit être neutre et capable de gérer le conflit de manière objective.
2. **Planifiez la réunion.** Fixez une date et une heure qui conviennent aux deux parties. Prévoyez un espace de réunion calme et confidentiel.
3. **Préparez les questions que vous souhaitez poser aux deux parties.**

**Déroulement de la réunion :**

**1. Introduction (5 minutes)**

- Accueillez les participants et présentez l'objectif de la réunion.
- Expliquez le rôle du médiateur et les règles de confidentialité.

- Encouragez les participants à s'exprimer de manière respectueuse.

## 2. Expression des points de vue (15 minutes)

- Donnez à chaque partie l'occasion d'exprimer son point de vue sur le conflit.
- Écoutez attentivement et reformulez les propos des participants pour vous assurer de bien comprendre.
- Posez des questions ouvertes pour clarifier les points de vue et identifier les intérêts de chaque partie.

## 3. Recherche de solutions (20 minutes)

- Aidez les participants à identifier des solutions possibles au conflit.
- Encouragez le brainstorming et la recherche de compromis.
- Évaluez les solutions possibles en fonction de leur faisabilité et de leur impact sur les besoins des deux parties.

## 4. Conclusion (5 minutes)

- Résumez les points clés discutés et les solutions envisagées.
- Aidez les participants à choisir une solution mutuellement acceptable.
- Formalisez l'accord trouvé par écrit, si nécessaire.

**Techniques de résolution de conflits :**

- **Reformulation:** Reformuler les propos des participants pour s'assurer de bien comprendre leur point de vue et de les aider à se sentir écoutés.
- **Questions ouvertes:** Poser des questions ouvertes pour encourager les participants à s'exprimer et à explorer les différentes dimensions du conflit.
- **Recherche de compromis:** Aider les participants à trouver des solutions qui répondent aux besoins et aux préoccupations des deux parties.

- **Écoute active :** Écouter attentivement les participants et observer leur langage corporel pour mieux comprendre leurs émotions et leurs motivations.

**En conclusion,** la médiation est un outil efficace pour résoudre les conflits entre deux parties. En suivant les étapes ci-dessus et en utilisant les techniques de résolution de conflits appropriées, vous pouvez aider les participants à trouver un accord mutuellement acceptable et à améliorer leur relation de travail.

**Conseils supplémentaires :**

- **Restez calme et impartial tout au long de la réunion.**
- **Ne jugez pas les participants et ne prenez pas parti.**
- **Concentrez-vous sur les solutions et non sur les problèmes.**
- **Encouragez les participants à se concentrer sur leurs intérêts et non sur leurs positions.**

- **Soyez patient et persévérant.** La résolution d'un conflit peut prendre du temps.

**Exercice de gestion des urgences**

**Scénario :** *Une situation d'urgence survient sur le lieu de travail, comme un accident ou une panne critique d'équipement.*

**Exercice 6 :**

Simulez une situation d'urgence et organisez un exercice de gestion de crise. Assignez des rôles spécifiques à chaque membre de l'équipe, tels que le coordinateur de la crise, le responsable des communications et les membres du personnel chargés de la sécurité.

Pratiquez la communication rapide et efficace des instructions et des mises à jour, en utilisant des canaux de communication clairs et en assurant une coordination étroite entre les membres de l'équipe.

## Scene : Organiser un exercice de gestion de crise

**Objectif :** Simuler une situation d'urgence et organiser un exercice de gestion de crise pour tester les plans et les procédures d'intervention en cas d'urgence.

**Préparation :**

1. **Définissez le scénario de l'urgence.** Il peut s'agir d'un incendie, d'une inondation, d'un tremblement de terre, d'une panne d'électricité ou d'une intrusion.
2. **Identifiez les participants à l'exercice.** Cela peut inclure les employés, les responsables de la sécurité, les services d'urgence et les représentants des autorités locales.

3. **Définissez les rôles et les responsabilités de chaque participant.** Désignez un coordinateur de la crise, un responsable des communications et des membres du personnel chargés de la sécurité.
4. **Préparez les documents et les outils nécessaires.** Cela peut inclure un plan d'urgence, des listes de contacts, des kits de premiers secours et des extincteurs.
5. **Communiquez le scénario et les instructions aux participants.** Assurez-vous que tous les participants connaissent leur rôle et les procédures à suivre.

**Déroulement de l'exercice :**

1. **Déclenchez l'alerte d'urgence.** Utilisez un signal sonore ou visuel pour alerter les participants de l'urgence.
2. **Evacuation des lieux.** Les participants doivent suivre les procédures

d'évacuation et se rendre au point de rassemblement désigné.
3. **Mise en place des mesures d'urgence.** Le coordinateur de la crise et les membres du personnel de sécurité doivent mettre en place les mesures d'urgence prévues dans le plan d'urgence.
4. **Communication et coordination.** Le responsable des communications doit diffuser des informations claires et régulières aux participants. Il doit également coordonner les actions des différents intervenants.
5. **Débriefing.** Après l'exercice, organisez un débriefing pour analyser les points forts et les points faibles de l'intervention. Identifiez les leçons apprises et les améliorations à apporter au plan d'urgence.

**Points clés pour une gestion efficace des urgences :**

- **Communication claire et rapide.** Il est essentiel de diffuser des informations claires et régulières aux participants pour qu'ils puissent prendre les mesures appropriées.
- **Coordination étroite.** Les différents intervenants doivent travailler ensemble de manière coordonnée pour garantir une intervention efficace.
- **Respect des procédures.** Il est important que les participants respectent les procédures d'urgence pour minimiser les risques et maximiser les chances de succès.
- **Apprentissage continu.** Les exercices de gestion de crise permettent de tester les plans et les procédures d'urgence et d'identifier les points d'amélioration.

**En conclusion,** les exercices de gestion de crise sont des outils essentiels pour préparer les entreprises à faire face aux situations d'urgence. En organisant un exercice régulier et en s'entraînant à réagir de manière efficace, les entreprises peuvent minimiser les impacts d'une urgence et protéger leurs employés et leurs biens.

## Exercice de feedback constructif

**Scénario : Vous devez fournir des retours à un collègue sur son travail sur un projet spécifique.**

**Exercice 7 :**

Planifiez une réunion individuelle avec votre collègue pour discuter de son travail. Commencez par souligner les aspects positifs de son travail, puis abordez de manière constructive les domaines où des améliorations pourraient être apportées.

Utilisez un langage clair et non accusatoire, en fournissant des exemples concrets et des suggestions pour aider votre collègue à progresser.

**Scène :** Réunion de Feedback Constructif

Date : [Insérer la date de la réunion]

Participants : [Votre nom], [Nom de votre collègue]

But de la réunion : Discuter du travail effectué sur [Nom du projet]

Agenda :

- Souligner les aspects positifs
- Identifier les domaines d'amélioration
- Proposition de solutions et de soutien

Souligner les aspects positifs :

Tout d'abord, [Nom du collègue], je tiens à te féliciter pour ton travail sur le projet [Nom du projet]. J'ai remarqué plusieurs aspects positifs qui ont vraiment contribué à notre avancement et à la qualité globale du projet :

*Engagement et implication :* Ta dévotion envers le projet était évidente, et cela se reflétait dans la façon dont tu as abordé chaque tâche.

*Créativité et Innovation :* J'apprécie vraiment la façon dont tu as apporté des idées innovantes à certaines parties du projet. Cela a vraiment enrichi notre approche et a permis d'explorer de nouvelles perspectives.

*Collaboration efficace :* Ta capacité à travailler en équipe et à communiquer efficacement avec les membres de l'équipe a grandement facilité la coordination des différentes parties du projet.

*Identifier les domaines d'amélioration :*

Cependant, je pense qu'il y a quelques domaines où nous pourrions travailler ensemble pour améliorer encore davantage le projet :

*Gestion du temps :* Il semble qu'il y ait eu quelques retards dans certaines étapes du projet. Peut-être pourrions-nous examiner ensemble notre planification et identifier des moyens d'optimiser notre gestion du temps pour respecter les délais.

*Précision dans la communication :* Parfois, il y a eu des malentendus dans la communication des exigences ou des attentes. Je pense qu'en clarifiant davantage les objectifs dès le départ, nous pourrions éviter ces problèmes à l'avenir.

*Développement de compétences spécifiques :* Il y a quelques compétences spécifiques liées au projet que nous pourrions envisager de renforcer. Peut-être pourrions-nous discuter de formations ou de ressources supplémentaires qui pourraient t'aider à te sentir plus à l'aise dans certains aspects du travail.

## Proposition de solutions et de soutien :

Pour aborder ces points, je suis ici pour t'offrir mon soutien et pour travailler ensemble sur des solutions :

*Sessions de planification conjointes :* Pour améliorer notre gestion du temps, nous pourrions organiser des sessions de planification régulières où nous passons en revue les étapes à venir et identifions les moyens d'optimiser notre emploi du temps.

*Communication claire :* Je m'engage à être plus précis dans mes communications et à encourager un environnement où il est acceptable de poser des questions pour clarifier les attentes.

*Formation et développement :* Nous pourrions explorer ensemble des options de formation ou des ressources en ligne qui pourraient renforcer tes compétences dans les domaines spécifiques que tu aimerais améliorer.

## Conclusion :

En conclusion, je veux juste souligner que je suis vraiment reconnaissant pour ton travail acharné et ton engagement envers le projet. Ensemble, je suis convaincu que nous pouvons surmonter ces défis et continuer à produire un travail de qualité exceptionnelle. Je suis ouvert à toute idée ou suggestion que tu pourrais avoir, et je suis là pour t'apporter tout le soutien dont tu as besoin pour réussir.

## Exercice de présentation efficace :

*Note : Cet exercice n'a pas de correction*

**Scénario :** *Vous devez présenter un nouveau processus ou une nouvelle procédure à votre équipe.*

Exercice : Préparez une présentation claire et concise, en utilisant des supports visuels si nécessaire pour illustrer vos points. Pratiquez votre présentation à l'avance pour vous assurer que vous êtes à l'aise avec le contenu et que vous pouvez répondre aux questions des membres de votre équipe.

Utilisez des techniques de prise de parole en public, telles que le maintien d'un contact visuel avec l'auditoire et une modulation appropriée de la voix, pour captiver votre public et transmettre efficacement votre message.

# Exercice de planification de la communication

*Note : Cet exercice n'a pas de correction*

**Scénario :** *Vous devez coordonner les activités de maintenance avec plusieurs équipes sur le site.*

Exercice : Élaborez un plan de communication détaillé pour informer toutes les parties concernées des activités de maintenance à venir. Identifiez les canaux de communication appropriés, tels que les réunions d'équipe, les e-mails ou les tableaux d'affichage, et déterminez le timing optimal pour chaque communication. Assurez-vous que toutes les informations pertinentes sont partagées de manière claire et opportune pour minimiser les perturbations et maximiser la coordination entre les équipes.

*Les secrets des plus grands communicateurs de notre temps et les techniques éprouvées : Conseils pratiques*

La communication est une compétence essentielle dans tous les aspects de la vie, du travail aux relations personnelles. Les plus grands communicateurs de notre temps captivent et inspirent leur public, le persuadent de passer à l'action et construisent des relations durables.

**Les secrets des grands communicateurs**

**1. Authenticité:** Soyez vous-même et parlez avec sincérité. Les gens perçoivent l'authenticité et y réagissent positivement.

**2. Passion:** Montrez votre passion pour votre sujet. L'enthousiasme est contagieux et rend votre message plus convaincant.

**3. Clarté:** Exprimez-vous clairement et concisement. Évitez le jargon et les termes techniques que votre public ne comprendrait pas.

**4. Structure:** Organisez vos pensées et présentez-les de manière logique. Un message bien structuré est plus facile à suivre et à retenir.

**5. Storytelling:** Racontez des histoires pour illustrer vos propos et captiver l'attention de votre public. Les histoires permettent de créer un lien émotionnel avec l'auditoire.

**6. Contact visuel:** Regardez votre public dans les yeux pour établir un lien personnel. Le contact visuel montre que vous êtes engagé et que vous vous souciez de ce que vous dites.

**7. Langage corporel:** Utilisez un langage corporel ouvert et positif. Souriez, gesticulez naturellement et adoptez une posture confiante.

**8. Écoute active:** Écoutez attentivement votre public et répondez à ses questions et préoccupations. L'écoute active montre que vous respectez votre public et que vous êtes ouvert à ses idées.

**Techniques éprouvées**

**1. La méthode STAR:** Utilisez la méthode STAR (Situation, Tâche, Action, Résultat) pour raconter des histoires percutantes. Décrivez une situation, la tâche que vous avez accomplie, l'action que vous avez prise et le résultat obtenu.

**2. Les questions ouvertes:** Posez des questions ouvertes pour encourager le dialogue et obtenir plus d'informations de votre public.

**3. L'humour:** Utilisez l'humour avec parcimonie pour détendre l'atmosphère et rendre votre message plus mémorable.

**4. La répétition:** Répétez vos points clés pour les souligner et les faire retenir par votre public.

**5. La visualisation:** Utilisez des images et des exemples concrets pour illustrer vos propos et les rendre plus accessibles.

**Conseils pratiques**

**1. Pratiquez:** La pratique est la clé pour devenir un excellent communicateur. Pratiquez votre discours ou votre présentation à l'avance et répétez-le plusieurs fois.

**2. Recevez des commentaires:** Demandez à des amis ou à des collègues de vous donner des commentaires sur votre communication. Cela vous aidera à identifier vos points forts et vos points faibles.

**3. Adaptez votre style à votre public:** Différents publics ont des besoins et des attentes différents. Adaptez votre style de communication en conséquence.

**4. Soyez confiant:** La confiance est essentielle pour une communication efficace. Croyez en vous et en votre message.

**5. Continuez à apprendre:** Il y a toujours plus à apprendre sur la communication. Lisez des livres et des articles, participez à des ateliers et des formations, et observez les grands communicateurs en action.

Les secrets des plus grands communicateurs et en utilisant des techniques éprouvées, vous pouvez améliorer vos compétences en communication et devenir un communicateur efficace et influent.

## Les rouages de la communication dans la lutte pour un monde plus juste et égalitaire

### 1. Sensibilisation et information:

- La communication permet de diffuser des informations sur les injustices et les inégalités, sensibilisant le public à des problèmes souvent ignorés ou minimisés.
- Elle donne voix aux victimes et aux groupes marginalisés, leur permettant de partager leurs expériences et de faire entendre leurs revendications.
- En exposant les abus de pouvoir et les systèmes oppressifs, la communication peut inciter à l'action et à la mobilisation.

### 2. Mobilisation et organisation:

- La communication est essentielle pour coordonner les efforts et créer un mouvement solidaire.

- Elle permet de partager des stratégies et des tactiques, de planifier des actions collectives et de mobiliser un large public.
- La communication renforce le sentiment de communauté et d'appartenance à une cause commune, encourageant la participation et l'engagement.

## 3. Éducation et transformation sociale:

- La communication permet de diffuser des messages d'inclusion, de tolérance et de respect mutuel, favorisant une société plus juste et égalitaire.
- Elle encourage le dialogue et la compréhension interculturelle, luttant contre les préjugés et la discrimination.
- La communication peut être un outil puissant pour l'éducation populaire, permettant aux citoyens de s'approprier les savoirs et de participer à la construction d'une société plus juste.

**Exemples concrets:**

- **#MeToo:** Le mouvement #MeToo a utilisé les réseaux sociaux pour briser le silence autour des violences sexuelles et pour mobiliser des millions de personnes à travers le monde.
- **Black Lives Matter:** Le mouvement Black Lives Matter utilise la communication pour sensibiliser aux injustices raciales et pour exiger des changements systémiques.
- **Greta Thunberg:** La jeune activiste climatique Greta Thunberg utilise sa voix pour inspirer les jeunes et les adultes à agir face à la crise climatique.

**Défis et obstacles:**

- **Contrôle de l'information:** Les puissants et les privilégiés contrôlent souvent les canaux de communication, limitant la diffusion de certaines informations et perspectives.
- **Désinformation et manipulation:** La prolifération de fausses informations et de discours

haineux sur les plateformes numériques peut nuire à la communication constructive et à la recherche de solutions.
- **Fracture numérique:** L'accès inégal aux technologies de communication peut exclure certains groupes de la participation et de l'accès à l'information.

## Conclusion:

La communication est un outil essentiel dans la lutte pour un monde plus juste et égalitaire.

## Enjeux importants:

- Accroître l'accès à l'information et aux technologies de communication.
- Promouvoir une communication libre, indépendante et pluraliste.
- Lutter contre la désinformation et les discours haineux.
- Encourager une communication inclusive et respectueuse de la diversité.

**En utilisant la communication de manière stratégique et responsable, nous pouvons contribuer à construire un monde plus juste et plus égalitaire pour tous.**

## NOTE DE L'AUTEUR

Cher(e) lecteur(trice),

En refermant ce livre sur la communication interpersonnelle, j'espère sincèrement que vous avez trouvé des idées et des conseils précieux pour améliorer vos interactions avec les autres. La communication interpersonnelle est bien plus qu'un simple échange de mots ; c'est un art complexe qui nécessite compréhension, empathie et pratique constante.

Nous vivons dans un monde où la communication est omniprésente, et notre capacité à communiquer efficacement peut avoir un impact significatif sur nos relations personnelles, professionnelles et sociales.

Que vous soyez un étudiant, un professionnel, un parent ou simplement quelqu'un en quête d'amélioration personnelle, les principes fondamentaux de la communication interpersonnelle sont essentiels pour naviguer avec succès dans les relations humaines.

N'oubliez pas que la communication interpersonnelle est un processus dynamique qui évolue avec le temps et l'expérience. Continuez à pratiquer l'écoute active, la clarté dans vos messages, et l'empathie envers les autres.

Soyez ouvert aux nouvelles perspectives et aux différentes façons de communiquer. Et surtout, n'ayez pas peur de faire des erreurs, car c'est souvent de nos erreurs que nous apprenons le plus.

Je vous encourage à mettre en pratique ce que vous avez appris dans ce livre et à explorer encore davantage le vaste domaine de la communication interpersonnelle. Que votre voyage vers une communication plus authentique, plus enrichissante et plus significative soit rempli de découvertes et de réussites.

Je vous remercie de m'avoir accompagné dans cette exploration, et je vous souhaite le meilleur dans toutes vos interactions futures.

Avec mes meilleurs vœux,

L'Auteur

www.ingramcontent.com/pod-product-compliance
Lightning Source LLC
Chambersburg PA
CBHW052249220526
45471CB00001B/250